LANGORIS
Storie di vini e di cavalieri

STEFANO COSMA

LANGORIS

Storie di vini e di cavalieri

© 2019, LEG edizioni Srl Unipersonale
Via Vittorio Veneto, 101
34170 Gorizia
www.leg.it – leg@leg.it
Tutti i diritti riservati

Impaginazione
Elena Turchetto CTplus.it

Copertina
DM+B Associati

Stampa
Tipografia Sartor (Pordenone)

ISBN: 978-88-6102-598-1

In copertina:
stemma concesso ai fratelli Giovanni Battista,
Andrea e Antonio Locatelli, dall'imperatore
Ferdinando III d'Asburgo. Vienna 1634

L'Autore ringrazia Marta Locatelli per aver voluto la realizzazione di questo libro che, attraverso la storia della Tenuta di Angoris, narra le vicende economiche e sociali del territorio goriziano e del Friuli, toccando anche alcuni dei più importanti avvenimenti, di rilievo mondiale, del Novecento.

INDICE

Prefazione di *Alessandro Marzo Magno*   p. 7

I.	Grande Guerra	p.	9
	I Locatelli		
II.	Cavalier Locatelli	p.	21
III.	Carnevale	p.	31
IV.	I Miani	p.	41
V.	Cavalli da corsa	p.	49
VI.	Vini	p.	57
VII.	Frutticoltura	p.	69
VIII.	Le chiese	p.	75
IX.	Colonnello Locatello e le guerre	p.	81
X.	La villa	p.	91
	Il biliardo		
	L'arredo		
XI.	Cucina	p.	99
XII.	Agricoltura	p.	109
XIII.	Gli orologi	p.	117
XIV.	Matrimoni e doti	p.	123
XV.	Aquileia e Grado	p.	143
XVI.	Re, imperatori, capi di Stato	p.	149
XVII.	La caccia	p.	161
XVIII.	Il palazzo	p.	169
XIX.	Da Angoris a Lovaria	p.	173
XX.	Banche e Monti di Pietà	p.	181
XXI.	Il tesoro	p.	185

Bibliografia   p. 193

PREFAZIONE
di Alessandro Marzo Magno

Ci sono tanti modi di scrivere la storia, la si può osservare dall'alto, vedendola scorrere come un fiume possente, oppure ci si può appostare in un luogo preciso e guardare quel che accade intorno: dal particolare si ricostruisce il quadro generale. Perché la storia fluisce, si insinua, talvolta travolge, talaltra si ritira in silenzio, discreta, quasi timorosa. Questo fa Stefano Cosma: da Cormons allarga lo sguardo sugli avvenimenti, grandi e piccoli, che coinvolgono la tenuta Langoris, come un tempo si chiamava, e da lì si dipartono e si espandono.

Locatello Locatelli, barone del Sacro romano impero, colonnello asburgico, combatte nella guerra dei Trent'anni, a metà Seicento. Tra Sette e Ottocento la tenuta diventa centro di sperimentazioni agricole, poi durante la Prima guerra mondiale ospedale militare italiano. Cambiano i proprietari e una strana coincidenza ha fatto sì che gli attuali si chiamino Locatelli, esattamente come i primi, i fondatori, che hanno tenuto Angoris (o Langoris) per alcuni secoli, anche se non sono legati da parentela. E poi ancora i Miani, protagonisti del jet set e della «dolce vita» romana e allevatori di cavalli da corsa: per Angoris è passato pure il celeberrimo Ribot, quando ormai non gareggiava più e si godeva la vita come stallone da riproduzione. Ovviamente al centro dell'attenzione rimane il vino: la tenuta è stata un luogo di innovazione vitivinicola e i risultati sono sempre stati di ottimo livello.

Stefano Cosma ci racconta tutto questo, e anche molto altro. Quel che ha scritto non è un saggio, ma un libro dal rigoroso contenuto storico che utilizza l'espediente narrativo del romanzo.

Immagina che un personaggio di fantasia, Carlotta, avesse prestato servizio come infermiera nella villa durante la Grande Guerra e che ci ritorni nel 1968 e che, muovendosi per la casa, ne ricostruisca le vicende. Lei è inventata, ma non lo è affatto tutto ciò che racconta: gli episodi sono reali, e ripercorrono le vicissitudini di questo angolo di mondo, un territorio di confine, dove da sempre si sono incrociati popoli e culture.

Cosma ha fatto un eccellente lavoro: ha esaminato archivi, letto documenti, ricostruito storie. Ha avuto accesso ad archivi familiari privati che non sempre sono consultabili e quindi la sua rievocazione è particolarmente preziosa, perché consente di illuminare anche angoli che altrimenti sarebbero rimasti occultati dalle tenebre della storia.

Non aspettatevi rivelazioni o rivoluzioni, ma il racconto del fluire della storia come quasi sempre è: un susseguirsi di eventi che messi uno in fila all'altro ci danno esattamente il senso dei cambiamenti susseguiti nel corso dei secoli.

La tenuta di Angoris, poi, è il luogo giusto da raccontare perché non solo ha scritto la storia, ma continua a esserne protagonista e quindi, dopo aver visto ciò che è accaduto nei secoli passati, può essere un gioco divertente provare a immaginarsi cosa accadrà in quelli a venire.

Comunque abbiamo una certezza: la storia è passata di qui e non smette di scorrerci. Il vino è un elisir di lunga vita.

I

GRANDE GUERRA

Elena era da poco giunta al fronte, non era però la prima volta che si trovava faccia a faccia con la morte. Era stata negli ospedali di Bologna e Aversa, sul treno-ospedale di Belluno, nel magazzino di fieno di Cabolano, pure a Siena, a Rapallo, a Gonars e a Manzano. Ma qui a Cormons, nella grande casa di Langoris, la contiguità dei malati infetti (di scabbia, sifilide, resipola, tigna), lo stato generale di abbandono e sporcizia, l'assenza di riscaldamenti e il sangue sparso dappertutto nelle sale operatorie, rendevano le visite assai penose e ben più impressionanti dei colpi e delle granate che esplodevano nei dintorni.

Diverse erano le batterie di artiglieria collocate vicino, dotate di obici e cannoni: fra la linea del Versa e la linea di Val Corbana esistevano la linea Boatina-Langoris-Borgnano e quella Langoris-Pecol. Dal 20 aprile 1917 si erano stabilite fra Angoris e Borgnano anche l'81ª e la 76ª squadriglia aerea italiana.

Almeno col buio c'era un po' di calma, ed una notte Elena, camminando al piano nobile della villa per cercare di distrarsi, aveva trovato un ricettario: dalla carta e dalla scrittura sembrava del primo '800. Sul frontespizio era scritto "Ricette di Marianna baronessa Locatelli". Incuriosita, con la fioca luce della lampada a petrolio, si era messa a leggere, trovando molti piatti di selvaggina. Anche se danneggiata dai bombardamenti, si notava la grandezza della tenuta e si poteva immaginare che c'era stata una riserva di caccia fino allo scoppio del conflitto.

Il duca d'Aosta ed i suoi fratelli nel 1916 sul colle di Medea.

Elena d'Orleans era nata nel 1871, figlia del conte di Parigi. Negli anni dell'infanzia, un altro membro della stessa casata e aspirante al trono di San Luigi, Enrico di Chambord, in esilio a Gorizia, in quella tenuta di Angoris veniva a cacciare. Forse erano cose note in famiglia, dato che dopo la morte di Chambord senza discendenti, il padre di Elena, in una riunione di legittimisti d'oltralpe, tenutasi proprio nel capoluogo isontino, fu proclamato pretendente al trono di Francia.

Ricordi di trent'anni prima riaffioravano sul fronte italo-austriaco e, per pensare a cose più allegre, una sera riprese a sfogliare il ricettario: zuppa di beccacce, uccelli allo spiedo, lepre alla cacciatora... poi tartufi, senape col vino bianco e la "gubana buona" della baronessa Locatelli. Cosa fosse la gubana non le era ben chiaro, un dolce sì, ma mai sentito prima. La duchessa era colpita anche dalla ricorrente presenza di alcuni ingredienti: "Oglio finissimo" e "Vino bianco". Erano la dimostrazione che il territorio era da sempre ricco di vigneti ed oliveti.

Come alleviare le sofferenze di tanti feriti e la fatica delle crocerossine che lei comandava? Con dei piatti deliziosi! Un'idea che sembrava balzana in quell'inferno, ma in fondo cosa facevano i soldati in trincea? Anche loro cercavano la soddisfazione nel cibo e nel vino. Quando potevano. Fu un pensiero che le rimase in mente anche una volta andata a dormire e all'alba chiamò due ragazze e chiese loro: «C'è una cantina qui?» Andarono ad esplorare assieme e, tra tini abbandonati e botti già svuotate dalle truppe, trovarono in un angolo, fra la sabbia, una cassetta di legno con alcune bottiglie. Gli ingredienti per la misteriosa "gubana" non c'erano tutti – mancava la cannella e non c'era l'uvetta –, ma grazie all'esperienza culinaria di alcune crocerossine saltarono fuori dal forno due buone e grandi gubane goriziane!

Nei giorni seguenti, prima di ripartire, Elena ebbe un'idea poco regale, ma comprensibile in quei frangenti. Chiamò un soldato e gli chiese di cacciare delle lepri. Per il commilitone fu un onore esaudire la richiesta della consorte del Comandante della III Armata, così verso sera ritornò con quattro lepri. Finalmente non aveva dovuto mirare a suoi simili!

Le crocerossine più abili in cucina si cimentarono a preparare "in tecia" le lepri, seguendo la ricetta Locatelli. Salvia e rosmarino si trovavano in giardino, l'olio d'oliva era nella dispensa, il vino bianco l'avevano trovato e l'aceto non mancava: la cantina era abbandonata da un anno.

 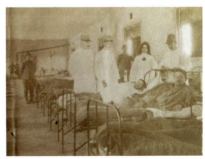

Interno del lazzaretto per colerosi nell'Ospedale da campo n. 230, a Langoris di Cormons, nel 1915.

Interno dell'Ospedale da campo n. 230, a Langoris di Cormons, nel 1915.

Carlotta, una giovane infermiera di Rovigo, che aveva cugini nella zona di Cividale, molto curiosa e studiosa, aveva aiutato le altre a cucinare. Aveva spiegato alla duchessa che cosa volesse dire "tecia" – tegame –, che la varietà di vino bianco più diffuso nelle colline friulane fosse la Ribolla, raccontando anche della misteriosa gubana. Infatti, a Cividale la zia la preparava ogni volta che andavano a trovarla, difendendo con orgoglio campanilistico quella cividalese da quella goriziana, che era «nient'altro che un "presnitz"!», come puntualizzava.

Fu così che Elena iniziò a conoscere il Friuli, quello goriziano, i suoi prodotti, la sua ricca storia, un po' veneta, un po' austriaca, con gustose contaminazioni slovene e balcaniche, testimonianze di migrazioni di popoli e di cibi. In fondo anche i Locatelli, proprietari di Angoris, erano bergamaschi. Nella villa campeggiava un ritratto,

Aerei della 76ᵃ squadriglia di stanza a Langoris.

L'hangar a Langoris.

quello del capostipite, un colonnello che si era distinto nella Guerra dei Trent'anni, al servizio dell'imperatore. Dopo tante vittoriose battaglie era stato ricompensato con 300 campi (circa 100 ettari di oggi) nella località di Novali, vicino a Cormons. Era il lontano 1648. Nel secolo successivo, a Langoris, i suoi pronipoti avevano costruito la villa.

Langoris o Angoris? «Ci sono diverse teorie – cominciò a raccontare un dotto soldato ferito – ma la più attendibile è quella secondo cui la voce derivi semplicemente dal latino *longus* o dal tedesco *lang*; infatti, in tutti i catastici, gli appezzamenti così denominati presentano, quasi sempre, la forma di un rettangolo molto allungato. Se ciò non bastasse, nel volume manoscritto "Confini dei beni della Fraterna di S. Maria di Venzone" si legge: *1662 in Adorgnano – Item campum unum vocatum la langoria over campo longo**. Il plurale *langoris*, poi, lascia supporre che l'esistenza, nello stesso posto, di molti appezzamenti di forma allungata dipenda dalla divisione, fra le famiglie del Comune, di beni demaniali o comunali» concluse, lasciando tutti a bocca aperta. All'inizio del '900 divenne sempre più diffusa la forma Angoris fino a diventare quella definitiva e ufficiale.

Una crocerossina nel portico al primo piano posteriore della villa Locatelli. Langoris, 1916.

I Locatelli

Carlotta aveva 21 anni ed era di servizio nell'ospedale da campo di Angoris, chiamato anche "Lazzaretto di Sanità 230". Formatasi in un liceo femminile e figlia di docenti, era molto appassionata di storia e di arte. Ogni tanto si concedeva un viaggio nella biblioteca della villa, dove era custodito parte dell'archivio Locatelli. Secondo le carte che aveva trovato, quasi sicuramente l'origine del casato era Locatello, grazioso paese della Val Imagna in provincia di Bergamo, e la diffusione del cognome era avvenuta a partire dal 1300. È il paese che aveva dato il nome ai Locatelli ed alle sue varianti: Lucadello, Loccatello, Lucatelli ed altre.

> "Il primo documento che porta il nome Locatelli è del 1168. Nell'anno 1123 – riportava un volume – l'Imperatore Federico II infeudò Adalberto Locatelli signore di Locatello, col titolo di barone. Nel corso dei secoli il casato risulta largamente diffuso e iscritto alla nobiltà di Assisi, Cesena, Terni, Roma ed in località del Veneto e del Friuli. Molti componenti si erano distinti per virtù civili, militari e religiose".

Alcuni ufficiali assieme ad una crocerossina nel portico al primo piano posteriore della villa Locatelli. Langoris, 1916.

Stemma baronale dei Locatelli di Cormons.

Stemma dei conti Locatelli, del ramo austriaco.

Anche a Padova, Bassano e Rovigo, città natale di Carlotta, c'era una famiglia con questo nome. Si sentiva più vicina a casa e scrisse ai genitori anche queste curiosità. Non aveva ancora un fidanzato, perciò lettere e cartoline dal fronte erano dirette ai famigliari, sorelle comprese.

Settimanalmente una camionetta si recava a Cormons a rifornirsi di viveri e di materiale medico, così Carlotta di tanto in tanto approfittava per spostarsi dalla villa, visitare qualche ferito lieve, prendere frutta fresca. Una domenica era arrivata nella piazza del paese e aveva letto che si chiamava "Piazza Locatelli", un palazzo non grande, ma possente, la dominava e sul portone, sopra la chiave di volta, c'era uno stemma con la data 1578: una civetta sovrastata da 3 stelle.

Una civetta. Come quella che aveva trovato in giardino, piccolina e simpatica, con i grandi occhioni, con le piume morbide e delicate. Durante la guerra gli avvenimenti più tragici si mescolavano a quelli più bucolici.

A Langoris, però, non c'erano stemmi in pietra da confrontare con quello che aveva visto lì. Solo sulle etichette delle bottiglie, sopra la scritta *Giorgio Barone Locatelli,* ce n'era uno più complesso: uno scudo diviso in quattro, con elmo e svolazzi, ma poco visibile, rovinato dall'umidità e dall'usura del tempo.

Elena d'Aosta, intanto, aveva raggiunto il marito al Quartier generale, per poi recarsi a far visita ad altri ospedali della Croce Rossa. La partenza della principessa aveva lasciato in tutti un po' di malinconia, ma aveva anche infuso la speranza che il conflitto finisse presto. Le stagioni si susseguivano e i feriti anche, fiorivano i ciliegi, qualche ricetta veniva realizzata, soprattutto in occasione di visite importanti. Nel vicino campo di Borgnano, un aereo aveva urtato contro una linea telefonica. Un povero sergente aveva riportato lesioni così gravi da morire poco dopo, nel giorno in cui la squadriglia compiva la prima missione di guerra, con crociere di protezione dal Vipacco a Plava e su Cormons. Perciò capitavano nella villa quelli che sarebbero diventati gli assi italiani della Grande Guerra.

L'8 settembre 1916, verso le 9.30, diverse granate nemiche andarono a cadere su Borgnano e Angoris, dove avevano fatto esercitazioni la cavalleria e la fanteria. Già il 18 agosto 1917, durante la funzione per i militari, cadde una granata anche a Monticello. La popolazione non si mosse dai rifugi.

La guerra s'intrecciava con la storia dei Locatelli e Carlotta aveva trovato in un cassetto della biblioteca un antico faldone contenente lettere e documenti: una missiva del 1641 inviata dal colonnello Locatello Locatelli de Ailenberg mentre si trovava a Dömitz, lettere con messaggi cifrati (e alcuni decifrati) ed altre inviategli durante la Guerra dei Trent'anni. Segreti fra lui e i comandanti Marradas e Wallenstein, piani di battaglia, movimenti di truppe nemiche. Ma l'aspetto più affascinante era l'utilizzo di codici cifrati. Quasi tre secoli dopo, si usavano ancora, ma più sofisticati.

Mentre sfogliava queste antiche carte entrò nella biblioteca un ufficiale, tenente di cavalleria entrato nell'aviazione. Carlotta si girò visibilmente imbarazzata, le sembrava quasi di essere scambiata per una ladra, ma l'ufficiale la mise a proprio agio. Guardò con interesse libri e documenti, poi ebbe un'idea geniale: usare il cifrario segreto seicentesco! Ne parlò col suo comandante, lo fecero fotografare per fare alcune copie. Da quel momento l'aviazione utilizzò una crittografia, vecchia e forse già conosciuta, ma solo dagli studiosi di secoli prima, perciò dimenticata.

Orgogliosa di come aveva potuto aiutare, fortuitamente, il suo esercito, Carlotta continuò ad alternare faticose giornate nell'infermeria a fuggitive letture nella biblioteca. Di tanto in tanto incon-

Suor Alessandra Caligaris distribuisce il rancio ai soldati nell'Ospedale da campo n. 230 a Langoris. Cormons, 1916.

trava quel soldato che mesi addietro aveva cacciato le lepri, su richiesta della duchessa, un bel giovanotto, che per evitare la morte era entrato nel servizio postale. Si guardavano e si salutavano, lei attirava la sua attenzione, finché con sfrontatezza gli offrì del vino, quello trovato in cantina, e del cibo buono. Anche in guerra si può essere "civettuola"… Serviva qualche brivido positivo e nelle giornate di sole ad Angoris la natura era affascinante.

Emozionata, la sera prese un dizionario: "Civetteria, essere maliziosa, provocante". Si ricordò improvvisamente della civetta, quella nello stemma in pietra sul palazzo di Cormons! Ma sì, c'era un faldone con stemmi nella biblioteca, prese la lampada a petrolio, aprì il cassetto e lo trovò. Ecco le armi araldiche dei Locatelli, dei vari "Freiherren", "Grafen" – non capiva il tedesco, ma intuiva che erano rami della stessa famiglia – in uno la civetta era nel centro dello scudo, in un altro a destra e pure sull'elmo. Poi le venne a mente la grande tela, inserita nella parete, con la cornice in stucco bianco, dove c'era una scura scena di caccia. Era buio, meglio non girare per la villa, aspettò il mattino seguente.

Albeggiava e impaziente, prima di recarsi in infermeria tra i feriti, passò davanti al quadro, la civetta era appoggiata a destra su una pietra, non si notava molto, ma forse era proprio voluta così la posizione del rapace.

In passato molti pittori sia di nature morte che ritrattisti, a richiesta, inserivano oggetti che appartenevano al committente, squarci che si riferivano a sue proprietà, libri o missive di cui erano autori. In questo caso si potrebbe pensare alla famiglia dei Lichtenreiter, pittori capitati a Gorizia a metà Settecento. La civetta, dipinta in una parte del quadro dove non cade subito l'occhio, voleva ricordare la famiglia dei Locatelli! Un allocco, forse, il rapace che in bergamasco si chiama "loc"... chissà.

Carlotta durante il conflitto non immaginava nulla di tutto ciò ma, tornata ad Angoris mezzo secolo dopo, avrebbe sentito raccontare questa storia da una guida. Nel novembre 1968, cinquantesimo anniversario della Vittoria, il cavalier Giulio Locatelli, che aveva da poco rilevato la tenuta, aveva infatti ospitato una mostra sulla Prima guerra mondiale. Ora Carlotta aveva 72 anni, era nonna ormai e ci aveva portato in gita la figlia e i nipotini.

Veduta aerea della Tenuta di Angoris, anni Sessanta.

Ricordò quella profezia manoscritta settecentesca che aveva letto nella biblioteca e che solo decenni dopo aveva capito essere riferita alla nascita di Hitler, all'incendio del Reichstag e all'avvento del nazismo:

> "(...) 1888 si leverà un gran Uomo nella Germania come un re, e di poi il re Mattiaš che si ritrova sotto terra, unito assieme faranno gran spargimento di sangue anno 1933 (...)"

Il terreno retrostante la villa era stato usato per quasi vent'anni come cimitero per i caduti italiani del fronte dell'Isonzo, poi traslati ad Oslavia e a Redipuglia.

«La tenuta è proprietà del cavalier Locatelli» narrava il cicerone, ma Carlotta non capiva. Lei sapeva che era del conte Miani. Aveva letto sui giornali anni prima che la villa aveva ospitato il cast di "Addio alle armi". E poi un Locatelli sarebbe barone o conte, non cavaliere.

II

CAVALIER LOCATELLI

Un colonnello diventato barone, ricordava Carlotta. Ma le cose cambiano, seppur sempre Locatelli, ora c'era un capitano – d'industria – nominato Cavaliere del lavoro.

Era Giulio Locatelli, pordenonese di nascita, illustre fondatore della dinastia imprenditoriale che, insieme agli Zanussi e ai Savio, era in quel momento fra gli artefici dello sviluppo industriale del Pordenonese. Da due anni era Grande Ufficiale dell'Ordine al Merito della Repubblica Italiana. Non un semplice cavaliere. Fondatore della Ceramica Scala, la futura Ideal standard, ceduta proprio nel 1968, quando l'azienda era leader del settore in Europa. Nei primi anni Settanta Giulio Locatelli avrebbe fondato la Eco e la Rhoss, entrambe operative nel settore degli scambiatori di calore e della refrigerazione. Alla fine del XX secolo il gruppo (guidato dai suoi tre figli Luciano, Pierantonio e Aldo), conterà cinque aziende in Friuli Venezia Giulia e in Austria, attive nel settore degli scambiatori di calore e della refrigerazione, 1.250 dipendenti e oltre 300 miliardi di lire di fatturato consolidato.

I Locatelli c'erano anche nel paese di origine di Carlotta; era rimasta colpita da ciò durante la Grande Guerra. Secondo il "Repertorio genealogico delle famiglie confermate nobili e dei titolati delle Provincie Venete" del 1830, ce n'era più d'una:

Locatelli. NOBILI. Domiciliati in Bassano.
Questa Famiglia da remoto tempo appartiene al Corpo nobile della città di Bassano. Fu compresa nell'Elenco dei Nobili di quella città, formato ed approvato nel 1726 dal Veneto Senato (...) Ottenne la conferma di tale sua nobiltà con Sovrana Risoluzione 30 ottobre 1822.

Locatelli NOBILI. Domiciliati in Rovigo.

Procedendo da Bergamo questa Famiglia si stabilì in Rovigo, dove essendo nel 1460 stata aggregata a quel Consiglio nobile, ora cessato, conseguì il fregio di nobiltà che le fu confermata con Sovrana Risoluzione 8 luglio 1820.

Dalla "Enciclopedia storico-nobiliare italiana", scritta dal marchese Vittorio Spreti nel 1928, si evince che c'erano Locatelli a Padova e nella vicina Selvazzano. Quindi anche i nuovi proprietari, che aveva trovato inaspettatamente ad Angoris, appartenevano ad un ramo della medesima stirpe.

«Sono stata qui per tre anni durante la Prima guerra. La villa era un po' diversa ed apparteneva ad un Locatelli, ufficiale dell'esercito nemico, austriaco» disse la signora Carlotta, mentre i nipoti scorrazzavano nel giardino.

«Sono nato a Padova, ma mio padre è di Pordenone, dove mio nonno Antonio era avvocato. Ci sono ovunque i Locatelli, anche a

Il presidente della giunta regionale Comelli, in visita alla Tenuta di Angoris, nel 1968, accompagnato da Giulio Locatelli.

Cordovado (Pordenone), forse siamo di quel ramo o di quello di Venezia», disse Luciano Locatelli sorridendo.

Effettivamente nel '700 il conte Alvise Mocenigo aveva assunto numerose maestranze per i lavori di bonifica dei suoi possedimenti posti più a valle nel "Molinato", zona compresa nel "Paludo del Sindical", che avrebbe preso, di lì a poco, il nome di Alvisopoli. A Cordovado risiedevano i tecnici e gli agrimensori chiamati dalla famiglia Mocenigo. È proprio da uno di loro, Alessandro Locatelli e da Elisabetta Brun, che l'11 febbraio 1786 nacque Antonio Domenico. Divenne poi un noto incisore, attivo soprattutto a Milano, persino editore delle sue stampe. Morì a Malaga, in Spagna, nel 1848. Già nel XVI secolo, però, a Porcìa (Pordenone) esercitavano la professione di notai Alessio, Battista e Martino Locatelli.

Un anno importante, il 1968. Giulio Locatelli, da poco inseritosi nel settore del riscaldamento, condizionamento e trattamento dell'aria, quell'anno crea la Rhoss con stabilimento a Codroipo (Udine), con 270 maestranze. E per la Scala procede all'ampliamento produttivo mediante la creazione di un nuovo stabilimento per la produzione di piastrelle a Frosinone. Diventa anche nonno di Marta, la prima dei numerosi nipoti.

La produzione di vini Angoris è conosciuta, i possedimenti sono molti, compresi alcuni sul Monte Quarin. Nel 1971 saranno acquistati altri terreni vitati e fabbricati rurali in località Rocca Bernarda (a Ipplis di Premariacco, nei Colli orientali del Friuli). Nel 1991 l'interesse si sposterà nel Collio con l'acquisto del Ronco Antico, splendida realtà collinare in Brazzano di Cormons. Nel 2002 saranno acquistati ulteriori 10 ettari a Rocca Bernarda.

Nei primi anni Settanta Aldo Locatelli, il figlio più giovane, grande amante degli *champagne* francesi, intuisce la necessità di produrre uno spumante ad Angoris. Nel cassetto della scrivania nella biblioteca, sono dimenticate – o forse lasciate per i posteri – varie lettere di importatori italiani di *champagne*, da Krug ad altre marche famose. Datata Firenze, 24 febbraio 1972, la lettera della Società Importazioni Liquori Vini e Rappresentanze:

> Riscontriamo la stimata Sua del 19 corr. e Le comunichiamo di mettere in sdoganamento le 12 bt. champagne KRUG P.C.B.R. da lei cortesemente ordinate.

L'on. Giulio Andreotti visita uno stabilimento del cavalier Giulio Locatelli.

Visita del Presidente della Repubblica Saragat.

Di poche settimane dopo è la missiva di un importatore di Udine: "Le spedisco un catalogo con il relativo prezzo del nostro Bollinger". Del 4 aprile un altro rappresentante comunica che "a causa della scarsità di raccolto di Francia gli *champagne* hanno subito notevoli variazioni di prezzi suscettibili di ulteriori aumenti futuri" ed ecco che 24 bottiglie di Brut Prestige 1964 e 1966 costavano 3.725 lire e 12 Cuvée Blanc de Blancs 1962 4.650 lire. Ordina anche dai Berlucchi, dai Conti Serristori, millesimati dagli Scarpa e da altri produttori. Tutto nei primi mesi del 1972.

Ed è così che, nel 1973, esce lo spumante metodo Charmat *Modolet* e dal 2006 ha ripreso la produzione del metodo classico (interrotta nel 1996), denominato *16 48*, a ricordo dell'anno di fondazione della tenuta.

Pochi anni prima della vendita, i Miani – proprietari della tenuta dal 1939 al 1968 – avevano rinnovato alcuni appezzamenti. È l'Accademia della Vite e del vino, nei suoi *Atti* del 1960, a descrivere il terreno: piano, argilloso, ferreltoso, ricco di scheletro. Qui, su 12 parcelle di 14 filari ciascuna, c'erano in totale 168 filari di 110 ceppi per filare. La distanza tra i filari era di m 2,50; fra le viti m 1,50; superficie di ogni parcella era di mq 5.774. Infine, la forma di allevamento adottata era il Sylvoz unilaterale.

Questa zona rientra nell'alta pianura goriziana, come descritta dall'agronomo Claudio Fabbro nel 1972, poi pubblicata come libro del Ducato dei Vini friulani nel 1977, dal titolo "Viti e vini del Friuli":

1) ferretti puri – fascia ghiaiosa e siccitosa (…) Neutro alcalini sufficientemente forniti di calcare per i ciottoli inclusi, bruciano la sostanza organica. Originati da rocce calcaree non sono mai argillosi. La diffusione dei ferretti derivati da ghiaie pure è limitata alla zona compresa fra Gradisca e Romans e fra Cormons e Angoris.

Una parte dell'agro goriziano in cui era anche difficile l'irrigazione di soccorso, che si poteva effettuare grazie ad Angoris, nella cui località c'era abbondante e utile acqua nei pozzi. Già nel 1901 uno studio su *Longoris* rivelava che:

> "Nel cortile della Villa Locatelli vi è un pozzo piuttosto antico (…) che il 29 luglio 1898 aveva 7 metri d'acqua (…)".

A cavallo fra gli anni Sessanta e Settanta in provincia di Gorizia si sperimentano i portainnesti, in particolare per i produttori di uve da tavola. Si sa che alcuni di questi vitigni non hanno affinità per i portainnesti usuali ed è per questo motivo che bisogna provare. Tra le aziende disponibili c'è:

> "(…) l'Azienda di Angoris (Cormons), sotto il controllo e in collaborazione con la Stazione di viticoltura ed enologia di Conegliano, che ha in atto da molti anni delle prove su Kober 5BB, su Berlandieri 420 A, Riparia x Rupestris 101/14, Golia (Ibr. Pirovano), Mourvèdre Rupestris 1202, Rupestris du Lot, innestati con vitigni da tavola e precisamente con alcune novità Russe, Nord Africane ed Ibridi del Pirovano, Dalmasso e Prosperi".

Fra il 1972 e il 1973, ad Angoris vengono eseguiti persino studi preliminari sul possibile inquinamento che potrebbero subire i vigneti adiacenti ad un piccolo parcheggio circolare con una strada che lo attraversa: un'area di prova particolarmente adatta per questo tipo di indagine, poiché tutta coltivata a Traminer.

Sotto la direzione di Aldo Locatelli e del fratello Luciano, i vini di Angoris, già rinomati, sono sempre più apprezzati e recensiti. Nel 1976 è la rivista *Vogue*, edizione statunitense, a parlarne:

> "Solo i pesci più delicati a polpa bianca richiedono vini bianchi secchi. Sarete soddisfatti di Almaden Johannisberg Riesling ($3.29). Noi lo eravamo. O il sorprendente bianco secco siciliano Corvo, Duca di Salaparuta ($3.74). O il francese Chablis, un Billaud Simon del 1973 ($4.99), asciutto come l'aria di

montagna. O due dei nostri vini italiani favoriti – scrive il giornalista – il Pinot Grigio di Angoris ($2.99) e il Pomino dei Frescobaldi ($2.99), armonioso come la musica del grande compositore al quale è dedicato. Entrambi questi bianchi italiani sono migliori di molti vini francesi".

Nello stesso anno ne scrivono anche in Italia, su *L'Espresso*:

"Per il prestigio di chi dona, Angoris produce vini famosi, da sempre. Inconfondibili per generosità e purezza i nostri vini uniscono al pregio di un prodotto genuino la sicurezza di un nome affermato in tutto il mondo. Merlot, Refosco, Cabernet, Pinot, Tocai, Riesling, Ribolla gialla, Mont Quarin, Picolit anche in prestigiose confezioni regalo".

Nel 1977 un articolo, più scientifico e meno *glamour*, appare sulla *Rivista di viticoltura e di enologia*, dove si legge:

"Le vinificazioni sono state condotte rispettivamente presso la cantina sociale di Codroipo (Udine) e presso la cantina dell'azienda Angoris in scala accettabilmente grande, e cioè in vasche da 60 ettolitri per ognuna delle 3 ripetizioni di ciascuna delle varietà vinificate e dei relativi testimoni ottenuti dalle stesse uve raccolte a mano. Si è così cercato di accostarsi il più possibile alle condizioni della pratica, rifuggendo dai risultati qualitativi, spesso dubbi, che forzatamente si ottengono".

Il vino, però, è sempre più argomento di tendenza, sinonimo di eleganza, così i Locatelli, la villa, la tenuta con i suoi prodotti interessano anche al settimanale inglese *Country Life*. Siamo nel luglio 1977. Il titolo è "A small cellar in the region – A vineyard in the Gorizia district". *Gold and diamond necklace...* una collana in oro e diamanti!

"(...) un territorio al confine fra le province di Gorizia e Udine. Ci sono anche circa 50 coltivatori privati nella regione che commercializzano i propri vini, ma solo una manciata di grandi dimensioni, di cui Angoris è l'azienda più grande; perché coltivano 370 ettari e producono alcuni vini eccellenti tra cui Cabernet e Traminer, anche se al momento non usano l'etichetta DOC a cui hanno diritto. Il tipico bianco friulano è il Verduzzo locale, un vino con una buona dose di corpo e sapore che caratterizza molti vini italiani (...)"

Bottiglia di Cabernet del 1968.

L'anno successivo sono i giornalisti newyorkesi Sheldon e Pauline Wasserman, marito e moglie, noti *wine writer* ed esperti di vini italiani, ad assaggiare alcuni prodotti Angoris e a scriverne su *White Wines of the World*. Leggiamo insieme la pagina 113, che inizia con il sapiente consiglio "Angoris is a good name to look for", Angoris è un buon nome da cercare:

> "Angoris produce anche un rispettabile Traminer. Sfortunatamente i vini dell'Isonzo sono generalmente troppo vecchi se venduti negli Stati Uniti, e il loro fascino sta nel loro fruttato e nella freschezza giovanile, che perdono rapidamente. Servizio: Malvasia istriana, come aperitivo; Pinot Bianco, con piatti semplici di vitello; Pinot Grigio, con frutti di mare; Riesling Renano, pesce d'acqua dolce come trota, spigola; Sauvignon, pollame o vitello; Tocai, pesce d'acqua salata; Traminer, piccante (...)"

Nel 1984 i coniugi Wasserman parleranno degli spumanti di Angoris su *Sparkling wine*:

> "Questa azienda produce dalle 15.000 alle 16.000 bottiglie all'anno di un brut d'annata. Il vino è fatto con il 65-70 percento di uve di Pinot nero ed il 30-35 percento di Pinot bianco raccolte nelle colline di Rocca Bernarda in Friuli. È tenuto *en tirage* per due anni. (...) producono anche un *vintage-dated Nature* con il metodo champenoise (...)"

Ma come non uscire su *Decanter*, prestigiosa rivista fondata a Londra nel 1975? In due numeri del mensile, nel 1979 e nel 1980, si legge:

> "Potremmo provare alcuni dei vini DOC della gamma Angoris che il Signor Locatelli produce con successo. Innanzitutto, come aperitivo, l'Isonzo Pinot grigio, leggero, asciutto, delicato; poi i Colli orientali del Friuli, dal Pinot bianco, un membro più fruttuoso della stessa famiglia, seguito nell'Isonzo dall'uva Tocai (*Tokay to you and me*) che era più aromatico, più profondo nel sapore. Questi possono accompagnare con successo degli antipasti come i tentacoli di piccoli crostacei, bocconcini di polpo (...)"
> *Intriguing taste* – In quel momento stavamo bevendo un altro vino Angoris, dei Colli Orientali del Friuli, fatto con l'uva Picolit. Diversamente dai precedenti, contenuti in bottiglie del tipo Mosella, questo era in una bottiglia che ricorda

un vino della Loira. Aveva un gusto intrigante leggermente dolce, ma asciutto nel finale (...)

Così in *The friends of wine, Les Amis du Vin*, del 1980, si dice che "Le viti del Picolit sono state introdotte in altre parti del nord Italia, un'indicazione che il risveglio del vino potrebbe essere più diffuso rispetto ai friulani attesi. (...) Angoris ha svolto un ruolo di primo piano nell'introdurre i vini della regione fra i consumatori americani".

Vini dell'azienda agricola SACTA - Angoris ad una mostra-assaggio collettiva a Gorizia nel 1956.

Altri articoli appaiono in quegli anni anche sull'abbinamento cibo e vini Angoris. Ad esempio su *Bon Appétit* del 1981, su *Cue* del 1976, su *Pasta and Rice Italian Cookbook* del 1987, nel libro *Giuliano Bugialli's classic techniques of italian cooking* del 1982, dove con l'insalata di seppie, calamari e gamberi (*Salad of Cuttlefish, Squid, and Shrimp*), si consiglia un *fresh fruit wine*: Angoris – Pinot Grigio. Infine, Mario Ferrari (1985) per la *polenta with porcine wine sauce* suggerisce un generico Pinot di Angoris.

Non manca all'appello *Quarterly Review of Wines*, anno 1984:

> "Tocai del Friuli (Angoris) robusto, con buon equilibrio e carattere, degustazione completa. Particolarmente piacevole con "Wienerschnitzel", pesce con un gusto pronunciato, lumache, prosciutto o panini al salame. (...) Merlot del Piave (Angoris) secco, abbastanza pieno di sapore, leggermente erbaceo. Sta bene con piatti di carne fredda, riso con fegatini di pollo, trippa o manzo bollito con salsa verde".

«Non mi sembrano piatti da Quaresima, cavaliere» osservò Paolo Zoppolatti, chef appena maggiorenne nel 1984, ma la cui famiglia aveva aperto a Cormons la trattoria *Al Giardinetto* nel 1907. A cavallo fra '600 e '700 i suoi avi notai autenticarono stime di terreni ed eredità dei Locatelli!

III

CARNEVALE

L'Epifania 1916 era appena trascorsa e le suore avevano avuto la consolazione di vedere più di settanta ammalati alla Santa Messa, come aveva scritto nel suo diario Suor Filomena:

> Il mio reparto sembrava una cattedrale, tutto l'altare addobbato magnificamente, si radunarono i convalescenti degli altri reparti e tutti uniti fecero la Santa Comunione.

Carlotta sapeva che, dal giorno successivo alla Befana, inizia il periodo carnevalesco, ma non aveva mai capito come si calcola la data delle feste mascherate: la Pasqua non ha un giorno fisso e di conseguenza nemmeno la Quaresima. Tuttavia anche in guerra c'è Carnevale. Ma con tante divise: le suore con la tonaca e le crocerossine in bianco, come lei. A Carlotta pareva già una messinscena, triste e che non aveva un attimo di tregua da mesi. Le giubbe dei piloti erano diverse dalle mantelline dei fanti, e i cappelli dei Carabinieri Reali nulla avevano a che vedere con gli elmetti. Le mostrine, più o meno colorate, e i gradi degli ufficiali risaltavano sul grigioverde rispetto ai soldati semplici. E spesso, proprio lì, nell'ospedale 230, il rosso del sangue, lo sporco del fango delle trincee, trasformavano in macabri Arlecchini quei giovani che al fronte erano meno fortunati di altri.

Venivano da molte regioni, c'era chi parlava dei *crostoli*, chi delle *bugie* e chi delle *frappe*, chi degli *strufoli*... Per lei, veneta, erano *galani*. Un anziano signore, un distinto commerciante del cosiddetto Friuli imperiale che forniva farine all'esercito italiano, era

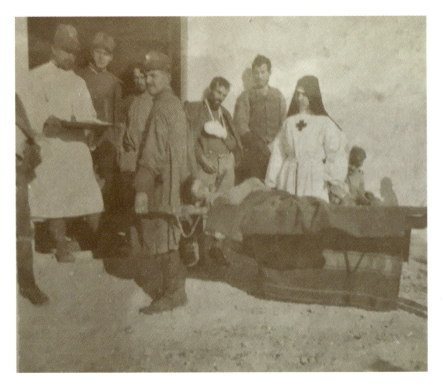
Soldato malato trasportato all'Ospedale militare n. 230 di Langoris. Cormons, 1915.

lì ad Angoris assieme ai suoi lavoranti. La farina è uno degli ingredienti per fare i tipici dolcetti della festa, assieme a burro o strutto, zucchero e uova.

Ascoltando i discorsi culinari fra la ragazza e le suore, si mise a raccontare, come fanno tanti vecchi chiacchieroni, del suo Carnevale più allegro. «Era febbraio del 1858 o del 1861... Bon, non fa differenza. A quei tempi, i giovani popolani festeggiavano Martedì Grasso rappresentando con mascherette il Carnevale e la Quaresima. Il primo lo interpretavano mezzi ubriachi ed allegri, la seconda immiserita e, abbracciandosi teneramente, recitavano brani di Ermes di Colloredo». Notando che il nome non aveva destato alcuna reazione, spiegò chi fosse stato questo poeta del Seicento e recitò a memoria alcuni versi in friulano, del tutto incomprensibili ai presenti. Tranne che ai suoi facchini.

"Di Buri e Trivignan, dal Quei, di Claujan. E d'altri vin che in cluchigne a fàs zirà il cerviel (...) mandi lu Friul il Prossec cu puarte il vant"...(¹)

«A Sant'Andrea, a Gorizia, vicino la stazione della ferrovia...» – esitò un attimo per riflettere e poi precisò: «Se c'era la ferrovia allora era Carnevale del 1861! A Sant'Andrea, dicevo, accorreva un'immensità di popolo a far merenda, mangiando aringhe e sardelle i più osservanti, salame e bistecche i più indipendenti. Il villaggio, poi, offriva lo spettacolo della piena disfatta del Re Carnevale. Era un fantoccio di paglia vestito come quei villici, collocato in una carriola che veniva condotta in giro da rozzi buontemponi, vestiti con abiti scartati dei nonni e con cappellacci a falde larghissime battenti, quali ali di sparviero. Vari discorsi minaccianti la triste fine di quel fantoccio, risa e schiamazzi superati dal trombettio che accompagnavano lo spettacolo. Alla fine, quando l'ilarità della congrega incominciava a stancarsi, furono prese le pistole e due colpi diretti ai fianchi del fantoccio gli tolsero la vita». Le suore si fecero il segno della croce, ma tanti giovani feriti accerchiavano stupiti il vecchio che aveva coinvolto tutti con il suo racconto. Alcuni sorridevano, altri erano come ipnotizzati. «Allora urla e pianti, un frastuono disperato di cori si protraeva per mezz'ora e condussero il morto, il fantoccio, all'ultimo suo destino, cioè all'annullamento delle sue spoglie: "Paglia fosti e sei ritornato in paglia". Ahahaha!!» Rise prima lui, da solo, poi molti altri.

A Carnevale, si sa, ogni scherzo vale, e alcuni soldati trafugarono la damigiana di vino del capitano Mendes e se la scolarono. La sera si presero una scudisciata sul sedere, col frustino che l'ufficiale portava sempre con sé. Ma ne era valsa la pena.

Un po' di vino lo aveva assaggiato anche il commerciante, che Martedì Grasso si fece riaccompagnare ad Angoris. Si era divertito e finalmente qualcuno lo ascoltava. Il figlio non ne poteva più, la moglie era sorda, i nipoti erano in guerra sul fronte della Galizia, nell'esercito austro-ungarico.

In cucina Carlotta aveva fritto i *galani*, quelli che la suora, che era ligure, chiamava *bugie*. I feriti più lievi giravano per la villa

(¹) "Di Buttrio e Trivignano, dal Collio, di Clauiano. E d'altri vini che ciondolando fanno girare la testa (...) il Friuli invii il Prosecco di cui porta il vanto"...

Carnevale

La villa Locatelli ad Angoris, vista da Medea, in un acquerello di fine '800.

agghindati come potevano: chi si era coperto con un lenzuolo, chi imitava le suore, altri canticchiavano. Qualcun'altro, diventato sordo per lo scoppio degli *schrapnell* austriaci, osservava rintontito. Una certa allegria piaceva ai medici, poiché sostenevano aiutasse a guarire.

L'anziano, dopo una tazza di bianco, *une tace di blanc*([2]), e qualche dolcetto, attorniato da una quindicina di spettatori, narrò di un altro Carnevale:

«*Al iere joibe*([3])... il *carnavalon*, cioè gli ultimi di Carnevale fu organizzata in Versa e dintorni, qui vicino, fra *Migee*([4]) e Romans, una imponente mascherata a cavallo, rappresentante la scorta del Sultano che recavasi a Gradisca» – non si rendeva conto che i militari, oltre a non comprendere le parole in friulano, non conoscevano le località circostanti –. «Prendevano parte a questo sollazzo tutti i notabili del paese, fra i quali mio padre non ultimo. In un cocchio bardato bizzarramente a festa sedevano il Sultano, Barba Fido, la

---

([2]) Un bicchiere di vino bianco.
([3]) Era giovedì.
([4]) Medea.

Alcune Madri Cappuccine in servizio a Langoris nel 1915.

Suor Filomena, Suor Teodolinda, Suor Alessandra, Suor Dorotea, Suor Benvenuta, Suor Edoarda, Suor Federica e Suor Agata, a Langoris nel 1915.

Sultana Giuseppa, Sartori di Versa, ed un loro figlio che spiccava per lustrini, che ero io. Una trentina di cavalli portavano le guardie d'onore e le cariche musulmane, tutte in fastosi turbanti, corpetti rossi e calzoni bianchi a sacco, tratti dai guardaroba delle mogli, delle sorelle, delle amanti. Qualche picca, qualche sciabola arrugginita, essendo le altre di legno, e qualche pistola, con o senza acciarino, completavano l'allestimento del corteo. Un trombetta precedeva e ovunque si passava per Versa, Medea, Fratta, Romans e Bruma il successo era clamoroso: i più vecchi esclamavano di non avere mai veduto una cosa simile. Si fece dunque il solenne ingresso nell'alma città di Gradisca, e sulla piazza si fece sosta dopo aver praticato un giro per le vie. Ma qui nacque un piccolo scandalo che il Sultano non potè mai dimenticare e perdonare, ma che d'altra parte destò la più grande ilarità nel pubblico. La Sultana cioè, levatasi in piedi, prese una fiasca di vino nero che le era stato offerto, e la svuotò con la più grande ingordigia».

«Ecco alcune *bugie*» disse suor Teodolinda, porgendogli un piatto. «Non sono bugie, sto raccontando cose vere!» urlò offeso il vecchio. «Racconta *chiacchiere*, infatti» disse un soldato pugliese ironizzando. Poi l'anziano commerciante comprese che gli stava offrendo dei crostoli.

Una grande risata concluse il racconto e, mentre assaggiavano lo speciale "rancio" carnascialesco, il signore si accorse che Carlotta era la più curiosa, quella che lo ascoltava con maggior attenzione. La sua logorrea, aiutata da qualche bicchiere di vino passito che avevano trovato nelle cantine della villa, sciolse ancor di più la lingua del commerciante e la memoria andò indietro di decenni. Si mise a parlare di come si vestivano i villici di Versa, Langoris e Borgnano, quando lui era piccolo. «I contadini, i Bigot, i Brandolin, i Danelut, pompeggiavano con le loro braghe nere legate al ginocchio, con le calze bianche infilate nelle scarpe, mettendo in rilievo la bella forma della gamba, col corpetto di scarlatto, con la giubba bianca comoda, discendente sulle anche e col cappello nero a cupola bassa e larghe falde in testa. Presso alcune donne sfavillava il corsetto scarlatto sopra gonne di colori chiari, con velo in testa detto qui fazzuolo, di lino bianchissimo, composto in graziose pieghe...». Era nato nel lontano 1834.

Raccontava tutto con passione e nostalgia, mentre ingurgitava un *crostul* dopo l'altro. Con gli anni aveva visto cambiare il mondo, il suo e quello degli altri. Ai colori vivi, alla foggia graziosa, si erano andati mano a mano sostituendo «il taglio lungo del calzone, i colori tetri e oscuri del sepolcro», così li definiva. In guerra era più naturale un paragone di questo tipo. Molti mesi tetri e oscuri erano trascorsi e altri si prospettavano. Solo quel ritratto settecentesco di gentiluomo in divisa da generale ricordava l'allegria del passato e lo sfarzo di colori, un tempo diffuso in tutte le classi sociali. Pantaloni al ginocchio o *culotte*, color azzurro come il *gilet*, giacca rossa con fregi argentati, calze di seta bianche. Unicamente le scarpe e il tricorno erano di colore nero.

Nel corposo inventario dei beni lasciati da Giacomo Antonio Locatelli, redatto nel 1796, Carlotta aveva trovato molte testimonianze della moda del passato negli abiti del defunto:

- *Abito di pano color Canella e calzoni con sotana di Ganzo (prodotto a Venezia tra la fine del Seicento e i primi anni del Settecento, n.d.a.)*

Il direttore dell'Ospedale da campo n. 230, capitano Mendes, col frustino da ufficiale di cavalleria.

- Abito di pano color maron con calzoni ed un gilè di seta ricamato
- Mezocapoto misto di pano con sotana di Cascimir
- Abito di manto rigato con gilè ricamato, e calzoni di Nanchin (di origine cinese, n.d.a.)
- Calzoni di pelle di Diavolo
- 13 Camiscie fine
- 3 facioletti per il Collo
- 5 Colletti
- 6 Paia Sottocalze

Pubblicità della Distilleria Miani. Inizio '900.

La raffineria Permolio a Roma. Anni Trenta.

Era mattino. Quel mercoledì a colazione c'era poco o nulla. A pranzo ancora meno, a cena brodaglia. *Sbobba!* dicevano i soldati, nauseati. Era iniziata la Quaresima, ma solo il Cappellano e le sorelle Cappuccine ne erano consapevoli. Gli altri "ospiti" dell'Ospedale 230 di Langoris no, perché mangiavano di magro tutti i giorni.

A spiegare finalmente a Carlotta come si calcola la Pasqua (cattolica) fu il capitano Mendes, di religione ebraica.

IV

I MIANI

Nel 1937 Angoris era stata acquistata da Max Orefice, imprenditore ebreo veneziano che, a causa delle leggi razziali promulgate l'anno successivo, venderà repentinamente tutto, trasferendosi a Quito, in Ecuador. Così dal 1939 ha inizio una storia che parte dall'economia autarchica e coloniale dell'Italia mussoliniana e arriva alla "dolce vita" del dopoguerra.

Oggi si chiamano *gossip*, li leggiamo tutti o li conosciamo attraverso la televisione, ma negli anni Quaranta questa ancora non c'era. Gli appuntamenti mondani trascorrevano forse più impetuosi di oggi, animando i salotti romani, e il conte Luigi Miani di Angoris non era mai assente. Anzi, ricco petroliere e marito di Beatrice de Dampierre, perciò cognato dell'erede al trono di Spagna e di Francia, apriva la sua casa nella capitale, a Monte Mario, e la sua villa di campagna a Cormons.

Ma facciamo un passo indietro: originari di Martignacco (Udine) i fratelli Miani avevano la raffineria Purfina a Roma, fondata nel 1926 come ABCD (asfalti, bitumi, catrami e derivati), e fecero fortuna vendendo l'asfalto per costruire le strade militari in Etiopia. L'ABCD divenne poi Permolio, cominciando la prima vera e propria raffinazione. Una società petrolifera con la quale nel 1937 avevano acquistato anche la Raffineria Genovese Petroli. Giuseppe ne era il presidente, Luigi ed Orlando amministratori delegati. Da fonti dell'epoca risulta che "i fratelli Miani avevano raffinerie a Roma, Genova e Milano, coprendo il 5% della produzione nazionale", con oltre 70.000 tonnellate annue prodotte.

Imprenditori di successo che hanno favorito anche la fortuna di altri: nella prima metà degli anni Trenta, Angelo Moratti lavorava per loro, stabilendosi a Civitavecchia e mettendo la sua rete a servizio della distribuzione dei prodotti dei nuovi datori di lavoro, che lascerà nel 1933 per mettersi in proprio.

Nell'Italia fascista di quel tempo c'era un gran fervore... A Roma, nel 1938, era nato Juan Carlos di Borbone. Ma anche i cugini del futuro re di Spagna, Alfonso e Gonzalo, erano nati nella Città eterna, il primo nel 1936 e il secondo l'anno successivo. Il loro nonno materno era un principe Ruspoli e lo zio era proprio il conte Luigi Miani, nella cui villa, l'8 dicembre del 1946, ricevettero la prima comunione.

Questa Villa, da cui si vede la vicina cupola di San Pietro, era stata acquistata nel 1939 da Luigi Miani che, il 19 gennaio 1940, era convolato a nozze con la sorella minore di Emmanuelle de Dampierre, moglie dell'Infante di Spagna Giacomo Enrico: pretendente legittimista al trono di Francia con il nome di Enrico VI e pretendente al trono di Spagna sotto il nome di Giacomo IV. Queste poche note storiche già ci forniscono uno spaccato della vita

Il leone Dolfo con il suo domatore Giuseppe Ghisalberti e il conte Miani.

che conducevano i Miani nella *high society* del tempo e in particolare Luigi.

Tuttavia la campagna doveva essere rimasta nel loro cuore, da quando nel 1918 avevano venduto ai Buiese un'antica distilleria e l'adiacente casa padronale a Ceresetto di Martignacco, località ai piedi di una delle più belle colline friulane. Così, nello stesso anno in cui compra la villa a Monte Mario, Luigi acquista tramite la SACTA Società Anonima Conduzioni e Trasformazioni Agricole, con sede a Venezia, la Tenuta di Angoris a Cormons.

Il matrimonio di Tyrone Power e Linda Christian, con Luigi Miani tra i testimoni.

Il ritorno dei fratelli Miani nella loro regione nativa, diede una sorta di slancio emotivo, di ritorno alle origini, e la loro industriosità si fece subito concreta anche a Cormons. Affidarono al noto architetto romano Tullio Rossi i lavori di restauro e l'arredo della villa – costruita dai Locatelli due secoli prima –, nonché la ristrutturazione della *dependance*. Per loro, Rossi progetta, inoltre, la villa a Cortina nel 1937 e due case a Milano nel 1955.

Negli ultimi anni di guerra, i più cruenti e più tormentati della Penisola, il Feldmaresciallo Albert Kesselring frequentava Villa Miani a Monte Mario, ma non era il solo. Anche il generale Enrico Caviglia, Maresciallo d'Italia, Senatore ed ex ministro, era di casa, come ricorda nel suo "Diario". Il 31 dicembre 1942 si trovava a Roma e scrive: "Stasera con Piera andremo a finire l'anno dai nostri vicini di Monte Mario, conti Miani". Caviglia fu una figura fondamentale dopo l'8 settembre 1943, giorno in cui arrivò a Roma dopo un periodo di vacanza a Finale Ligure, e vedendo la situazione chiese subito udienza al re – Caviglia era Cavaliere dell'Ordine Supremo della Santissima Annunziata e perciò "cugino del re" (al quale poteva dare del "tu") e con la precedenza protocollare davanti a tutte

Vendemmiatrice fra i vigneti ad Angoris nel 1950.

le cariche dello Stato – che la fissò l'indomani mattina. "Alla sera dell'8, verso le ore 20, arrivai nella villa dei conti Miani su Monte Mario, di fronte al marabutto dove abito io". Era invitato a pranzo, impreziosito sicuramente con i vini di Angoris.

"Mentre con la gentile e graziosa contessa, venutami incontro, mi avvicinavo al salotto, dove già era suo marito, sentivo alla radio la voce di Badoglio, che parlava di un armistizio concluso con gli anglo-americani e terminava esortando le forze armate a non attaccare più gli Alleati, ma a difendersi dagli attacchi provenienti da altre direzioni. (...) Altro che armistizio, questa è una vera capitolazione. Che succederà stanotte? Ma i tedeschi cosa faranno? In Italia c'erano circa venti divisioni tedesche, di cui quattro intorno a Roma, con altrettante italiane a fronteggiarle, compito superiore alle loro forze. Mi congedai dai miei ospiti e ragionando fra me e me su questa situazione me ne andai al mio marabutto e mi coricai..."

Le grandi difficoltà organizzative e quelle prospettatesi nella possibilità di difendere Roma, condussero Caviglia ad accettare l'ultimatum imposto da Albert Kesselring il 10 settembre 1943, che dispose il disarmo delle truppe e la dichiarazione della capitale come "Città aperta". Un accordo avvenuto nei salotti di villa Miani.

Luigi non tralasciava la grande tenuta che si estendeva, oggi come allora, fra Cormons e Medea. Iniziarono così opere irrigue, sistemazione e rinnovo dei vigneti, impianto di frutteti: quasi una vittoriosa "Battaglia del grano" postfascista. Una battaglia che porterà Angoris, nel dopoguerra, a diventare il fiore all'occhiello dell'agricoltura e della viticoltura friulana.

Fra il 1944 e il 1949 fecero arrivare la linea elettrica da Angoris a Villaorba e Monticello. Anche l'acquedotto di Cormons, ricavato da due pozzi di Brazzano, fu prolungato alle frazioni di Borgnano, Medea, Angoris, Monticello e Villaorba.

Artefici di ciò furono i vari fattori, enologi e direttori di Angoris, da Romolo Valentini a Franco De Rosa ad Ambrogio Padovani. Un centinaio di dipendenti e mezzo milione di bottiglie prodotte, con un marchio che si fa conoscere fra i Vip negli anni del miracolo economico italiano. Anche a Cinecittà. Nell'ottobre 1947 arriva a Roma Tyrone Power, famoso *sex-symbol* del cinema americano già dagli anni Trenta. Come si vede in un filmato dell'Istituto Luce, ap-

Foto della lavorazione dell'uva nella tenuta agricola Angoris di Cormons, 1950.

pena atterrato Power si affaccia dalla finestra del posto di comando dell'aereo salutando e poi è accolto dalla folla di fan che lo attendeva all'aeroporto. In un altro clip, con ancora indosso i costumi di scena, si rovescia addosso un bicchiere di vino.

Era sposato con l'attrice francese Annabella, ma già fidanzato con un'altra... Attore come il padre londinese, come il nonno – che fu anche commerciante di vini – e come l'omonimo bisnonno irlandese, incantava la Hollywood sul Tevere, dove Luigi Miani aveva notevoli frequentazioni e fra loro nasce un'amicizia che si consolida. Tant'è che il 26 gennaio 1949, alcuni giorni prima del matrimonio con Linda Christian, la famosa coppia arriva a Roma e viene ospitata a Villa Miani, in cui il conte organizza un *gala dinner* in loro onore, brindando con i vini Angoris.

Esiste un cortometraggio di un minuto e mezzo dove si vede la coppia di fidanzati in abito da sera che arrivano al ricevimento, poi accanto ad un'altra coppia, giovani donne in abito da sera sedute sul canapé con coppe in mano, camerieri che servono i vini di Angoris, mentre la Christian e Power chiacchierano con il conte Rudy Crespi, star del jet set internazionale.

Due giorni dopo, il 28 gennaio, Luigi Miani sarà addirittura testimone di nozze. Parliamo del matrimonio più seguito di quegli anni, il primo grande evento mediatico del secondo dopoguerra ad avere risalto internazionale: presenti gli Ambasciatori di Stati Uniti e d'Olanda, la coppia verrà ricevuta da Papa Pio XII. Linda Christian indossa un abito fattole dalle Sorelle Fontana ad un costo esorbitante e riceve una decorazione argentina, inviatale da Juan Domingo Peron. Fra i 300 invitati anche lo stato maggiore della 20th Century Fox e della Metro Goldwin Meyer e l'aristocrazia romana. Solo il matrimonio di Elisabetta d'Inghilterra, celebrato poco più di un anno prima, era stato allo stesso livello. Persino i garofani che adornavano la navata della Basilica di Santa Francesca Romana erano forniti dagli stessi fiorai che avevano addobbato la cattedrale di Westminster.

Una scena del film "Addio alle armi", con Vittorio De Sica e Rock Hudson.

Nasce nel 1951 la celebre Romina Power, il vino di Angoris scorre a fiumi e inizia uno stretto rapporto con il mondo del cinema. Il conte e la contessa Miani sono a Palm Beach il 30 gennaio 1950, secondo un rotocalco statunitense. Nel 1952 Power è probabilmente a Trieste a girare "Il corriere diplomatico".

Non a caso, nel 1957 Angoris ospiterà la troupe di "Addio alle armi" o, meglio, di "A farewell to arms". Forse fu grazie alla conoscenza fatta con i big di Hollywood alle nozze Power-Christian, se in Friuli e a Cormons arrivarono il produttore David O. Selznick e sua moglie, l'attrice Jennifer Jones, che nel film interpretava la parte di Catherine Barkley, l'infermiera inglese di cui si innamora il giovane protagonista, il tenente Frederic Henry (Rock Hudson). Tutto il cast si stabilì nella villa: fra cui il regista Charles Vidor, Vittorio de Sica, Alberto Sordi e molti altri. Sulla presenza, invece, dello stesso Hemingway a

Cormons vi è solo il ricordo di una segretaria che afferma di averlo visto. Ciò che è indiscutibile è l'amicizia che lo legava ai proprietari di Angoris, tanto da ricevere in dono da essi anche un fucile da caccia.

Nella tenuta c'era una meravigliosa riserva, che pullulava di animali, perché nessuno cacciava, a parte 2 o 3 volte l'anno Orlando Miani e, negli ultimi tempi, alcuni dei figli. A proposito di animali c'era anche un vero e proprio zoo con tanto di leone, scimmie, lama e molte altre bestie esotiche, per la megalomania di Giuseppe. Per non parlare dei 250 cavalli delle scuderie Miani, che gareggiavano a San Siro.

La vita galante è narrata anche nel periodico il *Caffè satirico*:

"Per un Gavotti Verospi due Ghisleri Marazzi,
per un Gironda Veraldi cinque Miani Angoris.
Si svena un Misciatelli Mocenigo Soranzo
tra le braccia di un Martini Carissimo di Castel Gravido".

L'amore dei Miani per la loro terra si scopre anche dal fatto che nel 1961 aiutano il "Fogolâr furlàn" di Torino a partecipare alla Mostra enologico-gastronomica, o "fiera dei vini" come la chiamavano i torinesi. Accanto al "muset cu la bruade"(5), ai minestroni, ai formaggi di Travesio, agli insaccati di Cividale e Spilimbergo, e al prosciutto di San Daniele – come si legge nel *Friuli nel mondo* di aprile 1961 –, cinque ragazze in costume tipico, chiamate da Flaibano, "attendevano alla somministrazione degli squisiti vini del Friuli: il Tocài, il Merlot, il Traminer, il Pinot bianco e grigio dell'azienda del co. Miani di Angoris".

Alla semplicità dei ritrovi dei friulani nel mondo alternano i viaggi in Florida e nel 1955 è il *Palm Beach Daily News* a intervistare Luigi su di un'altra passione:

Conosciuto come Angoris e situato nella sua tenuta di 10.000 acri vicino a Milano (sic), il suo allevamento ha circa 500 corridori purosangue. "Amo i miei cavalli, più di qualsiasi altra cosa al mondo – affermò Miani, – e se uno di loro si ammala o si ferisce, non posso fare a meno di occuparmene personalmente".

(5) Musetto con la brovada.

V

CAVALLI DA CORSA

«San Siro? Ah suor Filomena di san Siro?». «Ma no, l'ippodromo!» gridò Miani al sordo colono Danelut, che doveva procurare il fieno.

Già a metà '800 il patrimonio zootecnico cormonese consisteva in "347 bovi, 174 vacche, 19 vitelli, 47 asinelli e 176 cavalli..." Cavalli!? Se l'eroe della Guerra dei Trent'anni era *"peditum colonellus"*, ovvero di fanteria, altri dopo di lui sono stati cavallerizzi. Il barone Pirro Locatelli de Hagenauer era uno dei migliori fra questi, aveva fatto servizio militare nella cavalleria austro-ungarica e, seppur avesse subìto un incidente dovuto proprio ad una caduta da cavallo, non volle mai separarsi dal suo ultimo bellissimo purosangue nero, che rimase ad Angoris fino alla sua morte naturale.

Cavalli, come quelli delle scuderie del conte Miani. L'allevamento di purosangue, di cui il conte era un grande appassionato, era proprio nelle parti rurali annesse alla villa. Quelli del dopoguerra erano gli anni in cui gli ippodromi di San Siro, di Mirafiori, delle Cascine, dei Parioli e delle Capannelle raccoglievano nei loro recinti folle oggi impensabili (il *Corriere della Sera* parlò di 50.000 spettatori convenuti alle Capannelle il giorno del Derby per vedere Nearco) e personaggi dell'aristocrazia e della grande borghesia, molti dei quali appassionati proprietari e allevatori. Come ha scritto un profondo conoscitore di cose ippiche, Mario Fossati:

> "Il *pesage* degli anni Trenta era fitto di signori più che di ricchi. Tesio, De Montel, Fassati, gli Incisa, Luchino e Luigi Visconti, Gualino, Zanoletti, Mantovani, Gussi, Chantre, Lorenzini, Pirelli, Crespi, Miani, Da Zara, Radice Fossati, Berlingieri, Castellini erano il sale dell'ippica. Alle corse andavano per vedere (leggi sperimentare, correre, vincere) non per essere veduti".

La Scuderia Miani, così si chiamava, era attiva già all'inizio degli anni Quaranta, e vince ben tre volte la storica "Corsa dell'Arno" di Firenze: nel 1940 con Bolzano, nel 1941 con Egreri e, poi, nel 1954 con Enemonzo. Nel 1942 la troviamo nell'*Annuario* dell'ippica e nello stesso anno, in un numero della *Natura – rivista mensile illustrata*, si legge che nel suggestivo ippodromo di San Rossore era arrivata

> "gran folla anche dalle vicine città toscane. Tutti i recinti sono animatissimi, segno evidente della sana passione per l'ippica che è nella tradizione di Pisa. (...) erano giunti Federico Tesio e gli effettivi della Scuderia Mantova, ai quali si aggiungono i reduci da Napoli della Scuderia Miani nonché Brignano e Amiterno".

Nel 1946, ne *Le grandi prove ippiche, annuario internazionale di sport ippico*, scopriamo che

Battaglia di cavalleria, olio su tela. Villa Locatelli, Angoris.

"la Scuderia Miani, al terzo posto, è stata attivissima e senza raccogliere grandi premi ha raggiunto una somma notevole. (...) Una settimana più tardi nel Premio Brianza (1200 metri) una puledra di più modesta categoria, Storella (Navarro) della Scuderia Miani offre il suo contributo al prestigio dei giovani vincendo, sia pure con più largo margine di peso, davanti a Musagete e Fior di Pesco. (...) Accanto a Moroni la Scuderia Miani possiede un riproduttore di notevole interesse in Nicolaus, nato nel 1939 da Solario e Nogara, fratellastro dunque di Nearco e Nakamuro. Buona parte delle quaranta fattrici dell'allevamento di Angoris sarà riservata ai due importanti stalloni".

Fantino con i colori della Scuderia Miani.

Conquistò anche il prestigioso "Derby italiano" delle Capannelle, alla presenza del Presidente della Repubblica. Dal libro d'oro dell'ippodromo romano si scopre, infatti, che nel 1949, con un premio di 5.000.000 di lire (più di 90.000 euro), vinse la Scuderia Miani, con il cavallo Golfo, montato dal fantino Gabbrielli! Sempre nell'Urbe, i cavalli dei conti di Angoris vinsero il "Premio Parioli" nel 1951 (Merengo), nel 1957 (Gioviano) e nel 1959 (Vestro), e lo stesso Vestro vinse nel 1958 il "Premio Guido Berardelli". Parliamo di premi che andavano dai 4 ai 6 milioni di vecchie lire, cioè dai 70.000 agli 85.000 euro circa!

La passione dei cavalli costava sicuramente, a Cormons ne allevavano mediamente un centinaio, ma rendeva abbastanza. Forse questo spinge i Miani, parallelamente al galoppo, ad entrare nel 1948 anche nelle corse ad ostacoli.

"Nel 1951 – si legge ne *L'Italia agricola* – capeggiava la lista delle scuderie vincenti nei due rami quella della «Mantova» con oltre 65,5 milioni al suo attivo (compresi i premi quale allevatrice), seguita dalla razza del Soldo con oltre 50, la «Miani» con quasi 50, la Dormello-Olgiata" e via di seguito.

Cinquanta milioni di lire equivalevano a circa 850.000 euro di oggi. Nel 1958 Armando Boscolo Anzoletti, autore di numerosi libri sullo sport, inserisce la scuderia che allevava i suoi purosangue ad

Il leone di Angoris nella gabbia costruita da Anselmo Casolari.

Angoris tra le più note in Italia e, per tornare a fare i conti in tasca ai Miani, nel 1960

> "la capolista Scuderia Mantova (57 cavalli), ha guadagnato in piano lire 88.583.000 e lire 8.850.000 (con un solo cavallo) in ostacoli (sesta in questa classifica) precedendo la Scuderia Miani (90 cavalli) con lire 70.248.000 (circa 925.000 euro) in piano".

La fama arriva anche all'estero e nel 1966, morto Luigi e in fase di vendita Angoris, il *The Bloodstock Breeders' Annual Review* scrive

> "*Tried out again at San Siro on a heavy track, he was well beaten by the Razza Dormello-Olgiata's Martini. ... to take over the Razza Ticino, Serov will now be looked after by Antonio Pandolfi, former private trainer to the extinct Scuderia Miani. Empire was imported into Italy by Conte Luigi Miani in 1963 and Brioche belongs to his second crop*" (Provato di nuovo a San Siro, su una pista pesante, è stato battuto da Martini, della Razza Dormello-Olgiata... per rilevare la Razza Ticino, Serov sarà curato da Antonio Pandolfi, ex allenatore

Fenicotteri rosa nel giardino della villa, con Alberto Sordi e i fratelli Miani.

privato dell'estinta Scuderia Miani. Empire era stato portato in Italia dal conte Luigi Miani nel 1963 e Brioche appartiene al suo secondo raccolto).

L'anno in cui Angoris viene acquistata da Giulio Locatelli, il 1968, l'allevamento dei purosangue non c'è più, anche Ribot se n'era andato, ma un giornalista di ippica scrive ancora che, assieme alle scuderie Aterno e Neni da Zara, la Miani era uno dei più grandi complessi romani in grado di competere con i big del nord.

I fantini sono tutti di prim'ordine, come Saverio Pacifici, che vince nel 1946 il "Gran Criterium" a Milano, gara per cavalli di due anni di ogni Paese, "su Este della Razza Miani" scrive la *Sport Enciclopedia* nel 1967, come se la genealogia dei cavalli nati ad Angoris, in trent'anni avesse dato vita ad una "razza" equina! Nel 1999, è scomparso a Milano, all'età di 93 anni, l'altro Pandolfi, Ubaldo, grande trainer del galoppo. Era un maestro della specialità. Un autentico signore, e tutti hanno ricordato, su quotidiani e riviste di settore, che "ha allenato i cavalli di Luchino Visconti, del conte Miani, della Razza del Soldo e di Lady M".

Un altro leggendario allenatore ippico, Luciano D'Auria, classe 1934, ha rilasciato di recente un'intervista e sorride mentre gli occhi celesti hanno un guizzo irriverente. La sua – scrive il redattore – è la storia di un bastian contrario per vocazione, che dichiara: «Ho iniziato perché mio padre Antonio era caporale alla scuderia Miani».

Meno famoso è Antonio Colella, da Trivento (Campobasso), classe 1937. Di lui si dice che è paziente, onesto e dice le cose come stanno. Anche ai proprietari. Quel «bene» che si sta assottigliando a una velocità quasi drammatica e porta il galoppo ad una sorta di gioco autogestito controvoglia dagli allenatori stessi. Antonio Colella, in 25 anni da fantino e 24 da trainer, i campioni veri non li ha avuti mai, sebbene la scuola di Ubaldo e Tonino Pandolfi, assieme alla militanza dal 1951 al 1962 in una scuderia storica come la «Miani», lo abbiano messo nella condizione di conoscere, di valutare, di approfondire e di capire.

Su *Cavallo2000*, Ferdinando Angellotti, classe 1920, ha raccontato di quando negli anni Cinquanta si ritrovò una cavalla "brocchetta" di nome Capri

"partente in una corsa di buon livello sui 1.200 metri alle Capannelle. Le altre tre partenti erano le migliori velociste sulla piazza: Arzuma del conte Manzolini montata da Otello Fancera senior; Caterina Dolfin della Scuderia Mantova montata da Vincenzo Celli; Dina della Scuderia Miani montata da Vittorio Rosa". Ovviamente non c'era alcuna tensione emotiva per un esito che pareva negativamente scontato. Sennonché nella notte precedente si scatenò una specie di diluvio che rese la pista pesantissima. Problema: come dare gli ordini al fantino (un certo Proietti, soprannominato *Scannagrilli*)? All'insellaggio Angellotti gli disse: «Senti, andiamo per il quarto posto, parti tranquillo, però tieni gli occhi aperti perché Dina, la cavalla della Scuderia Miani, non fa un passo sul terreno pesante».

Capri, invece, arrivò prima!

In seguito alla fine della sua emozionante e proficua avventura ippica, la scuderia Miani di Roma è stata chiusa e trasformata nella residenza del noto imprenditore edile Salvatore Ligresti. Oggi, a celebrarla, rimane solo una corsa, che si tiene annualmente a Milano, all'ippodromo di San Siro: il "Premio Scuderia Miani, per cavalli di tre anni e oltre".

Gara di galoppo alle Capannelle. Roma, anni Cinquanta.

«Oltre ai cento cavalli, Angoris ospitava una sorta di giardino zoologico – narra l'anziano fattore –, con il famoso leone Dolfo. Ho ancora a casa alcune foto d'epoca che ritraggono in gabbia il re della foresta con il suo domatore e anche con il signor... Ghisalberti, sì Giuseppe Ghisalberti. Poi c'erano oltre duecento mucche, da latte s'intende, capre, fenicotteri, emù, lama... Da non credere, venivano i bambini da Cormons a vederli».

«Noi non ci diamo all'ippica» sentenziò il cavalier Locatelli, industriale con più di mille dipendenti, non appena rilevata la tenuta. Assaggiò alcuni vini e soddisfatto disse: «Forse l'avete dimenticato in cantina per un po' di anni... ma ecco il vero "cavallo di razza", il Pignolo!»

VI

VINI

Non era senza motivo la frequente presenza di "Vino bianco", inserito con pignoleria nelle ricette di Marianna Locatelli e non è sufficiente la semplice spiegazione che il territorio era da sempre ricco di vigneti.

Vigne e terreni a *Langorijs* erano già in possesso dei Locatelli come raccontano documenti del 1628, catalogati negli inventari di lasciti e di eredità provenienti da importanti famiglie della zona: dagli Attems, dai Panzera e dai Neuhaus, come pure dai Colombicchio. Questo nome non era nuovo a Carlotta, le ricordava una vacanza, il mare... Ma sì, Amalia de Colombicchio era la moglie del dottor Marchesini, podestà di Grado. Li aveva conosciuti quando era stata a curarsi in spiaggia prima dello scoppio della guerra. Era un'adolescente, forse era l'anno 1910.

Nel 1664 si elencano i beni dei Colombicchio passati ai Locatelli: *Langorijs*, *Bojatina* e la braida del Modolet. Questa rendeva annualmente «vino conzi uno», poco più di 83 litri. Se Langoris e Boatina erano, durante la Grande Guerra, la sede di batterie di cannoni 254, agli ordini dell'XI Corpo d'Armata, Modolet sarebbe diventato sinonimo di bollicine. Si chiama così, infatti, il Bianco Brut Metodo Charmat, poiché è il podere dal quale arrivano le uve utilizzate per la spumantizzazione. Vinificazione di cui Angoris è stata la pioniera in Friuli, sin dal 1973. C'è anche un testamento, quello di Antonio Locatelli del 1675: agli eredi lascia la casa dominicale di Borgnano con cantina, diverse libbre di oglio, il *prado* di Borgnano, la vigna, il *prado* del Monticello e il follatoio. Ed ecco il lascito dei Colussi (1687) e dei Taccò ai Locatelli, che contiene un piccolo

Ritratto a grandezza naturale del barone Francesco Locatelli (1656-1725).

albero genealogico: "Metà alla sig.ra Locatelli e alle figlie", si parla del *Coglio* – quello che oggi chiamiamo Collio – e di botti di vino: bianco, nero e ribolla. Si tratta dell'eredità di Maddalena Colussi, sposata a Bartolomeo Locatelli e madre di Giacomo. Un'altra pergamena antica cita un pezzo di terra del *Montisello*, un campo in *Langorijs* detto *delle Piantuza*, e *pietre dell'oglio*.

Il legame col vino inizia quando i Locatelli si trasferiscono da Gradisca a Cormons. Poi entra in gioco il condottiero Locatello. Rientrato a casa, ricevette la donazione di trecento campi da scorporarsi dai beni comunali di Cormons, soluzione di compromesso dovuta alla mancanza di fondi nelle casse imperiali. Come si è già detto, l'alienazione dei terreni comunali destò animose reazioni tra nobili e popolani di Cormons, rasentando la sommossa. La scorporazione dei campi e il relativo passaggio di proprietà si concluse solamente dieci anni più tardi, dopo dispute, proteste e vane misurazioni.

Ancora nel 1747, in una lettera agli Stati Provinciali, Giorgio e Andrea Locatelli affermavano di non possedere

> «l'intera summa delli campi 300 dispensati in virtù di clementissima cesarea regia risoluzione al deffonto barone Locatello nostro predecessore».

Così, il nuovo possedimento dei Locatelli comprese pressappoco tutta la località di Novali. Tra i vigneti, all'incrocio della strada che da Plessiva porta a Cormons, costruirono una casa padronale. I trecento campi vennero chiamati *Schönfeld*, ossia "Belcampo", mentre alla casa venne dato il nome di *Eulenburg*, "Castelcivetta", riferito allo stemma di famiglia nel quale campeggiava una civetta.

La produzione di vino c'era già, nonostante le rimostranze, poiché il 21 maggio 1658 il capitano di Gorizia, Ernesto Federico di Herberstein, ringrazia con una lettera Antonio Locatelli per il vino regalatogli, sperando di «ricevere l'honore di servirla stessa alla mia tavola con questo vino». Non tutti i capitani della città furono, però, così cortesi: Franz von Stubenberg, definì i Locatelli di Cormons «razza buzurona», descrisse il Coronini «ladro infame» e apostrofò uno Strassoldo «picciolo coglione»…

Molti dati ci sono giunti grazie al "Libro universal" compilato da Francesco Locatelli (1656-1725), dal 1676 alla morte. Francesco era il nipote di Locatello, figlio del fratello Antonio e di Lisetta di Neuhaus. Ebbe una numerosa prole e il secondogenito Carlo Antonio, dopo aver abbandonato gli studi, si lasciò andare ad una vita

La fiera dei vini svoltasi a Trieste nel 1888 nel Teatro Rossetti.

Etichetta di Picolit.

sregolata. Alla vigilia di Pentecoste del 1709 accadde un fatto che segnò per sempre la vita di questo figlio ribelle, allora diciassettenne. Ubriaco, uccise una persona e dopo alcuni anni di carcere, rimesso in libertà, attuò la decisione che aveva maturato durante la detenzione: ottenuta la dispensa canonica, intraprese gli studi di teologia e nel 1715 fu ordinato sacerdote. Successivamente divenne monaco agostiniano a Udine e morì in tarda età.

Al di là di questo fatto, i Locatelli ebbero sempre un atteggiamento giusto ed equilibrato nei confronti dei contadini. Non a caso l'ultimo scritto conservatosi tra le sue carte è un ricorso contro l'erario a difesa dei propri coloni di Novali. L'introito principale era rappresentato dalla vendita annuale del vino. I vigneti di Novali, piantati in terreni fertili e riparati, garantivano un'eccellente produzione di vino. Nel "Libro universal" Francesco Locatelli trascrisse una dettagliatissima "Nota della quantità delle ribolle e vini terrani che ogni anno ho fatto", in cui sono registrate puntualmente le caratteristiche di ogni annata dal 1688 sino al 1724.

Etichetta di Tokayer.

Per alcune annate è riportata anche la produzione di olio d'oliva. La coltivazione di viti ed alberi da frutto era, infatti, promiscua. Particolarmente interessante è una nota riportata per l'annata 1712:

> "Fu un anno così tempestoso, che rovinò tutto il paese, sì di uve come di sorghi e saracini, che non lasciò si puol dire niente, poiché tempestò tutta l'estate ogni luna e poi fornì di confiscar tutto li 18 agosto, a segno tale che a me conviense comprar del vino per il bisogno di casa mia. Sicché nessuno in Cormons ebbe peggio di me, poiché non mi lasciò un albero né vite che non la disfece, e poi temporali di venti così terribili che mi fece danni immensi sopra li coperti delle case e tetti di paglia spiantati sino a terra. Ho fatto questa memoria veramente per esser una cosa insolita, né mai più a memoria di uomo s'ha sentito cotal strage".

Francesco aveva acquistato terreni da Mattia Strassoldo a Borgnano. Dalla stima di queste terre, condotte dal colono Pietro *Muchiuto*, risultano «Arbori Grandi vidigati in tutte due le parti n° 695 /

Arbori Giovani vidigati n° 773 / Sterpi di vidi senza arbore n° 288 / Arbori sechi con le vidi n° 11 / Molechi et pouli Grandi con le vidi n° 106»: oltre 1.500 piante di vite!

Al 1741 risale una stima delle proprietà di Marianna Pianese Locatelli «nelli Novali situati nel distretto della terra di Cormons» dalla quale si desume il sistema di coltivazione della vite, spesso sposata ad alberi da frutto «susinari... perari... ceresari... pomari... nogari», altre volte piantata da sola. Il Settecento è il secolo in cui nasce l'Arcadia Romano Sonziaca e la prestigiosa Società agraria (1765) che proseguirà la sua attività fino alla Prima guerra mondiale. Esperimenti, innovazioni, consigli e pubblicazioni che saranno di aiuto anche a Langoris.

Nel 1785 si decise di procedere ad una classificazione dei migliori vini della Contea *in riguardo alla loro bontà* e ogni comunità doveva consegnare gli estratti dei terreni. Per i paesi di Doberdò e Sagrado la consegna si doveva effettuare nell'aprile 1787 in casa Locatelli a Gradisca. Entro il 15 aprile di quell'anno anche i possidenti dovevano dichiarare i vini prodotti: Refoschi, Ribolla e Cividino. Fra i firmatari, che esprimevano il proprio giudizio, troviamo Cecilia de Locatelli.

Nel periodo napoleonico è l'intendente alle finanze, barone Kircher, a descrivere la produzione di quello che si chiamava "Coglio, come chi dicesse una Catena, od un complesso di Colli. (...) Il maggiore anzi l'unico prodotto è quello de' Vini bianchi ricercatissimi dalla Germania, alla quale si vendono a gran denaro contante (...) L'Articolo però in che abbonda questo Territorio è quello della frutta d'ogni specie".

Novali viene venduta nel 1861 e ad acquistarla è il barone Giuseppe Formentini, la cui moglie Ernestina de Claricini era figlia di Cecilia Locatelli. Perfettamente conservata è la cantina sotterranea, oggi proprietà di Franco e Renato Toros, noti viticoltori. Nel 1859 Formentini pubblicava una "Memoria sull'utilità dell'associazione dei Coloni nei lavori rurali", in pratica una società di mutuo soccorso. Nacque anche l'idea di una società enologica per azioni. Alcuni anni dopo, nel 1872, lui e i Locatelli decisero di privarsi di alcuni terreni – quasi una restituzione di quanto ricevuto due secoli prima – per metterli a disposizione dei contadini, anche per evitare la loro emigrazione. A spronarli era stato Carlo Colombicchio, fautore della riforma agricola e colonica, con questo intervento:

> Veniamo ora a un altro esempio di associazione per la Vigna. Esiste in Cormons, e precisamente fra lo Stabile d'Angoris e S. Quirino, una estensione di terreni poco favorevoli per la coltura di cereali. Ebbene, questa porzione di fondi, alienabili e da alienarsi in corpi da circa 40 a 50 e più campi, di maniera che si potrebbe prendere in considerazione due o tre corpi grossi, da ridursi a vigna, di circa 40 a 50 campi per cadauno, ed a piccolissima distanza l'uno dall'altro.(…) Chi scrive, potrebbe in quella regione disporre di circa 20 campi che li cederebbe come azionista e senza pretendere un dividendo per l'epoca di 8 anni. Il B.ne Locatelli, che in quelle parti possiede gran quantità di fondi non si opporrebbe al certo di farne cessione per circa 50 o più campi; ed egualmente si potrebbe forse dire dei fratelli Baroni Formentini.

Dopo la modifica dei confini a seguito della Terza guerra d'indipendenza (1866) ci furono ripercussioni positive: nel 1878 un giornale scrisse "nell'ultimo decennio il possidente vendette i prodotti di campagna a prezzi favolosi". Nel 1866 Giovanni Fasiolo, gastaldo di Campolongo scrive: "Il peggio si è del vino Bianco; speravo di farlo andare subito ed invece adesso corrono tutti a Cormons che lo trovano più buono e a più buon prezzo".

Nel 1868, ad agosto, viene ospitata ad Angoris una serata della *Görz Gesangsverein*, la società del canto, presieduta da Carl von Ritter. Una dettagliata descrizione la dà il quotidiano goriziano in lingua tedesca *Görzer Zeitung* (qui tradotta):

> "Nella sala nella quale fu preparato uno splendido buffet. In questa stanza un Liedertafel di grande successo è stato improvvisato e sono seguiti cori, quartetti e brindisi in rapida successione. Il primo di questi, ovviamente, era per il padrone di casa, il Barone Locatelli e la sua amabile famiglia, poi il Ritter ricordò il carattere plurinazionale dell'associazione – tedesco, italiano e slavo – ottenendo un fragoroso applauso. Durante l'allegra festa, con circa 100 persone, fu servito fino a tarda notte un eccellente Piccolit, che il Barone ottiene dai suoi vigneti. Un periodico triestino, animato dal nazionalismo, criticò la festa scrivendo che «i convenuti furono accolti con due salami, un vino imbevibile e un paio di angurie» e subito fu smentito con sagace ironia definendo il misero corrispondente, inviato ed autore della nota, come un ignorante che ha dimostrato la sua famigliarità con le zucche".

Club di appassionati bevitori cormonesi di "vino nostrano" del 1895.

Per Cormons aumentò il numero di passeggeri ferroviari, dai 37.210 del 1870 ai 65.270 di due anni dopo; anche le merci in partenza da 18.691 del 1870 a 65.834 nel 1872. Si pensò persino di creare delle ferrovie economiche, con linee secondarie anche da Romans a Cormons (Langoris). Un progetto a scopo turistico e per la vendita di vino stimata in 20mila ettolitri!

All'Esposizione agricola, industriale e di belle arti, tenutasi a Trieste nel settembre 1871, il barone Michele Locatelli di Cormons, dai suoi vigneti di Angoris, porta «Vino nero comune da pasto, bianco da lusso, moscato puro e vino liquore nero». Nel 1888 si svolge una Fiera dei vini a Trieste, al Teatro Rossetti, e dalla Provincia di Gorizia giungono 16 espositori fra cui: «Locatelli Bar. Michele Cormons. con Vino fino da pasto Riesling '87 che conquista la Menzione onorevole, Vino rosso comune 1887, Vino rosso fino Bordeaux 1887».

Erano in voga le sperimentazioni: "I nostri coltivatori di vigne dimostrino le speciali qualità delle uve nostrane e forestiere che meriterebbero estendersi in grandi proporzioni sul nostro suolo" esortò un possidente cormonese. Nella zona furono impiantati quattro vigneti campione in posizioni e terreni differenti.

Il primo campionario che segue qui presso, è posto alquanto in altura, in terreno marnoso con poca argilla, ed è composto:

I – 1000 piedi di viti Rifosco di Cormons come base dell'impianto; indi 1500 piedi delle seguenti qualità, cioè: Carmenet, Neushaut, Gros-bi-dure e Gros-verdot di Bordeaux; Lambrusca e Generosa del Piemonte; Burgunder blau e Portughiser blau del Reno; Pinot noir della Borgogna e Czerlienak della Dalmazia.

Poi una vigna di uve bianche in dolce pendio verso mezzogiorno, terreno quasi uguale al primo:

II – 1400 piedi di viti Cividino nostrano come base; 600 di Borgogna bianco; 400 di Riesling del Reno; 400 di Malvasia dell'Istria; di più altri 8 campioncini di varie uve bianche ancora.

Segue una vigna di uve nere al piano con dolce declivio situata più verso ponente, in terreno marnoso misto ad argilla ma più sciolto de due primi, con:

III – 1500 piedi di uve Borgogna e 500 piedi di Kadarka dell'Ungheria, Gros-verdot, Gros-bi-dure, Neushaut e Piquè di Bordò.

Per la qualità del terreno e per la posizione di queste vigne, venne assegnato un metro quadrato fra linea e linea, come fra ceppo e ceppo.

Finalmente nel piano, in terreno alquanto ghiajoso, venne esperimentato il seguente campione di viti d'uve nere, cioè:

IV – 1200 piedi di uva Rifoscone d'Istria; 1000 di Borgogna e 800 piedi di Corvino e Pignol di Cormons; Czerlienak e Plavaz della Dalmazia; Carmenet di Bordeaux, e Burgunder blau del Reno.....

Gorizia 1891: IV Congresso enologico austriaco. L'importante evento viene presieduto dal conte Francesco Coronini-Cronberg, coadiuvato da possidenti goriziani, fra cui il barone Locatelli.

Negli *Annali della R. Scuola di viticoltura e di enologia*, del 1893, a pagina 120, Carlotta legge:

"Nel pomeriggio la comitiva si recò alla villa del Sig. Barone M. Locatelli in Angoris, per visitare le sue magnifiche stalle di bovini, le scuderie, il deposito

Botti nella cantina di Angoris. Anni '50.

di macchine agrarie, la preparazione dei mangimi, la loro cottura con speciale apparecchio a vapore, e la estesa sua tenuta coltivata a vigneti, prati e cereali. Nel pranzo cortesemente offerto dal ricco Barone, vennero serviti i buonissimi vini delle sue cantine".

Il 29 luglio 1898 l'Istituto Zanon accertò che ad Angoris o Longoris: "Nel cortile della Villa Locatelli vi è un pozzo piuttosto antico, profondo m. 19,50 che (...) aveva 7 metri d'acqua a 13° 05. È munito di carrucole; la canna è ingombra di vegetazione".

Forse Giorgio Locatelli stava ampliando l'azienda, poiché dal *Bollettino Ufficiale* del Ministero dell'Agricoltura italiano del 1908 si evince che ci fu l'annullamento della deliberazione 5 giugno 1903, con cui il Comitato forestale di Udine gli concedeva lo svincolo di parte del bosco di «Romagno» (Cividale), già parte del Regno d'Italia, a differenza di Cormons che era Austria-Ungheria.

La produzione vinicola divenne una delle principali voci in attivo del commercio goriziano, a partire dal 1887 ci fu un progressivo incremento (100mila ettolitri) e poi un'altra impennata fino a raggiungere nel 1913 i 500mila hl. In pieno conflitto, nel 1914, il *Giornale vinicolo italiano* informa che sono state effettuate sperimentazioni:

> "(...) a Kronberg dal Conte Coronini, dove si vedranno le esperienze di inaffiamento delle viti, a Villanova dal nob. De Tommaseo, a Langoris dal Barone Giorgio von Locatelli (...)".

Anche l'anno successivo ne *Le stazioni sperimentali agrarie italiane* organo delle stazioni che riprende la notizia pubblicata in *Zeitschrift für das landwirtschaftliche Versuchswesen* si fanno:

> "Nelle varie regioni viticole della provincia, le prove comparative d'irrorazione contro la peronospora che vennero eseguite nei seguenti luoghi: 1) Nel vigneto misto dello stesso Istituto sperimentale; 2) Alla sezione slovena della Scuola agraria provinciale di Gorizia, in un vigneto di Borgogna rossa; 3) Presso l'amministrazione del podere delle Suore di carità a Rosental presso Gorizia, in un vigneto misto; 4) Presso l'amministrazione del Barone G. Locatelli a Langoris di Cormons (alto Friuli), nei vigneti di Blaufränkisch (Franconia)".

Nella Villa si conservano ancora le etichette, fatte stampare addirittura a Vienna, che riportano la scritta *Giorgio Barone Locatelli* con riprodotte due medaglie: quella della Fiera austro-ungarica industriale agricola di Trieste, del 1882, probabilmente la *Medaglia di Bronzo per Uva e Frutta* ricevuta da *Locatelli Bar. Michele in Cormons*, e quella di Gorizia, datata 1884. Ce n'è una di Riesling, una di Ribolla, una di Tokayer e una di Picolit.

> "*Ribolla* è un vitigno indigeno a uva bianca (...) Se ne hanno diverse sottovarietà, così il Ribolla verde, il Ribolla giallo, la Gargania (...) La totalità quasi dei vigneti del Collio sono costituiti di questi vizzati, con predominanza della Gargania e del Ribolla giallo. Quest'ultimo è da reputarsi il migliore di tutti e meritevole sotto ogni riguardo di ulteriore coltivazione.
> Il *Piccolit* serve per la confezione di quel finissimo vino santo, tanto noto col nome di Piccolit, che nelle buone annate può gareggiare col Tokaj".

In effetti a Gorizia avevano scritto nel 1781 che i terreni sul monte di Medea erano come quelli dove in Ungheria nasce il *Tokai*. Ma colpisce che Michele Locatelli imbottigliasse anche il Riesling, che a Trieste, nella fiera del 1888, prende la Menzione onorevole. Nel Goriziano erano presenti entambe le varietà, sia quella chiamata *Welschriesling* o *Riesling italico*, "di qualità mediocre, senza abboccato speciale, piuttosto acidetto e che stenta a chiarirsi, perché ha spesso una vena di dolce", sia il *Rheinriesling* dei tedeschi o *Gentil aromatique* dei francesi. Questo si faceva ad Angoris.

> "Il suo vino non è molto alcolico e diviene profumato già nel primo anno, se si lascia il mosto, liberato dai graspi, fermentare in contatto con le bucce per circa 12 ore; una macerazione più lunga estrae dalle bucce materia colorante ed allora esso diventa di colore giallo carico (...). Le analisi del nostro Riesling diedero dal 10.2 al 11.9 % di alcoole e dal 5.9 al 6.6 % d'acidità.
>
> Nella nostra regione il Riesling è raccomandabile per posizioni non troppo aride e calde, e dovrebbe dare prodotti di merito sulle colline del Collio; conviene però piantarlo in terre fertili ed aiutarlo con buone concimazioni, altrimenti è troppo poco produttivo. Del resto anche nel piano riesce benissimo, dando per altro un vino ricco d'acidi".

I consigli di Giovanni Bolle, direttore dell'i.r. Istituto sperimentale chimico agrario e vicepresidente della i.r. Società Agraria di Gorizia, erano stati saggiamente seguiti. Anni prima ne scrisse lo Zanelli sul *Bullettino* del 1869:

> "(...) sappiamo che sui colli ben coltivati di Cormons si sta tentando la coltivazione delle uve del Reno, dei *Riesling* prima ed ora del *Traminer*, che dà i migliori vini di colore, ed è certo che già vi attecchiscono a dovere".

Nel secondo dopoguerra le cantine di palazzo Locatelli, oggi Municipio, ospiteranno la rassegna dei vini tipici cormonesi.

> «Angoris ci ha mandato in degustazione il Pinot grigio – dice uno degli assaggiatori –, il colore è leggermente ramato, cupreo; all'olfatto emergono aromi fruttati di pesca...»

VII

FRUTTICOLTURA

«Voglio un esperto di peschicoltura! Qui nel Cormonese e in tutto il Collio la viticoltura è sempre stata accompagnata dalla frutticoltura: ciliegie, susine...» spiega Luigi Miani ai fratelli. Lo aveva scritto il Musnig nella sua opera *Clima Goritiense* nel 1781, ma anche Giuseppe Formentini in un manoscritto del 1853, pochi anni prima di comperare la tenuta di Novali dai cugini della moglie. Racconta ai posteri:

> "Le frutta del Collio godono fama in commercio, vuoi fresche, vuoi preparate o pelate ed affiappite, come le prugne, il fico ed il pero che, posto in scatole ben montate, si spediscono a mezzo della casa Marizza nel Nord dell'Europa ed in America pur anche".

Nel 1882, in occasione del quinto centenario della dedizione di Trieste all'Austria, il governo vi organizzò un'importante Esposizione Agricolo-Industriale. Fra i premiati, troviamo "Locatelli Bar. Michele in Cormons – Medaglia di Bronzo per Uve e Frutta". A fine '800 il mercato di Cormons era diventato la piazza di sfogo per la produzione frutticola di tutto il Collio. Secondo i dati raccolti nel 1899 da Gastone de Colombicchio,

> rilevasi che di sole ciliege arrivarono su quel mercato (Cormons) dal 4 Maggio al Luglio ben 5.664 Q.li di un valore di circa 130.000 fiorini, mentre nei mesi da Luglio a tutto Ottobre si pesarono altri 7.994 Q.li di altre frutta (pere, mele, pesche, prugne, albicocche, fichi, uva, susine, castagne, amoli secchi). I prezzi delle ciliege nelle giornate di massima accorrenza oscillavano tra i 15 e i 22 fiorini per Quintale.

All'indomani della Prima guerra si incentiva nuovamente questa fonte economica non indifferente per le colline goriziane e l'opera di Ernesto Massi, *L'ambiente geografico e lo sviluppo economico nel Goriziano*, data alle stampe nel 1933, non passa inosservata all'arguto Miani. Massi era docente universitario a Milano e a Pavia, fondatore della rivista *Geopolitica*, amico del ministro Bottai.

> Nella zona collinare (...) Accanto al ciliegio, il pesco ha fatto notevoli progressi negli ultimi anni e più potrà farne se le colture si orienteranno verso le varietà selezionate e più redditizie; nel dopoguerra furono collocate oltre 20.000 piante mentre la produzione raggiunse la cifra notevole di 5.700 qli contro una produzione provinciale di 6.500 qli.

Così, nell'immediato secondo dopoguerra, i Miani assumono come direttore di Angoris Pietro Martinis, all'epoca 44enne, che rimarrà loro collaboratore fino al 1959. Era nato, infatti, il 24 giugno del 1902 a Castello di Porpetto, in provincia di Udine. Si iscrisse nel 1918 alla "Regia Scuola pratica di Agricoltura per la Provincia di Udine", di Pozzuolo del Friuli, terminando gli studi con l'acquisizione del titolo di "Gastaldo". Frequentò poi ulteriori corsi di specializzazione nei settori zootecnico e caseario (a Reggio Emilia), nonché viticolo (a Conegliano Veneto).

Panoramica degli edifici che ospitarono l'Esposizione industriale-agricola austro-ungarica del 1882 a Trieste.

Braccio operativo, ma anche creativo, di Miani, svolse una lunga e appassionata opera di costitutore di varietà frutticole, soprattutto di pesco, ma anche di pero e melo. Ad Angoris prosegue, infatti, la sua attività iniziata a Fogliano, dai Cosolo, e crea le varietà *Flavia*, *Fior di Monaco* e *Cormonese*, tutte dalla polpa color giallo. La prima con maturazione medio tardiva, le altre due precoce; inoltre la *Iris Rosso* e la *Bayer*, precoci ma con la polpa bianca.

Pietro Martinis, al centro con la camicia bianca, accompagna gli ospiti durante una visita tecnica d Angoris.

Il cavalier Martinis viene tutt'oggi definito come "padre della peschicoltura dell'Isontino". Infatti, le cultivar da egli costituite, denominate in modo collettivo "varietà isontine" o "varietà Martinis", hanno svolto senza dubbio un ruolo determinante nello sviluppo della peschicoltura nelle aree vocate della pianura friulana. Nella tenuta dei Miani vengono piantati quasi cento ettari di frutteti: le pesche sono commercializzate in Italia e all'estero, soprattutto a Monaco di Baviera e a Vienna. I vagoni ferroviari, caricati in azienda, partono dalla stazione di Cormons, mentre quelle di seconda qualità sono destinate alla trasformazione.

L'azienda di Angoris è meta di visite di molti tecnici e accademici del settore frutticolo. Vengono piantate decine di ettari di pesco anche nelle diverse colonìe, da Mariano a Gradisca! Se ne parla persino in riviste straniere:

> *Apart from being a passionate thoroughbred horse breeder, the Count had a passion for peach-tree cultivations which covered large areas of the countryside around the village of Mariano near Cormons/Gradisca. He selected early peach varieties which were sought after by the markets.* (Oltre ad essere un appassionato allevatore di cavalli purosangue, il Conte aveva una passione per le coltivazioni di pesche che coprivano vaste aree della campagna intorno al villaggio di Mariano vicino a Cormons / Gradisca. Scelse le prime varietà di pesca che erano ricercate dai mercati).

Raccolta della frutta.

Sono opera di Martinis almeno duecento varietà di pesche a polpa bianca o gialla con diverse epoche di maturazione da consumo fresco; utilizzò come "genitori" alcune delle principali cultivar a diffusione internazionale e inoltre alcune varietà da egli stesso costituite. Oltre a quelle citate, si ricordano anche le varietà *Savoiarda, Orchidea, Gardenia, Santa Lucia, San Giusto, Trevisana*, nonché la precocissima *Est 23*.

Le caratteristiche delle principali varietà di pesco costituite da Martinis sono state trattate, con diverso approfondimento, da vari autori. Come accennato, costituì anche alcuni tipi di pomacee che però non ebbero fortuna; si ricordano in particolare le cultivar di pero *Decana del Friuli* e *Goriziana rosa*.

Della figura del cavalier Martinis si continua a parlare ancora oggi, con un convegno a Fiumicello (Udine) e poi con un libro: *Le pesche Martinis. Storia, personaggi ed evoluzione della peschicol-*

Pesche della varietà Decana del Friuli, *ottenuta incrociando il pero fico e la pera William.*

tura in Friuli Venezia Giulia, curato da Marco Gani, dell'Arpa, e Pietro Zandigiacomo, docente all'Ateneo udinese. Grazie all'opera innovativa svolta ad Angoris, questo luogo incantevole che ha dato vita alla cosiddetta "Razza Miani" di cavalli da galoppo, in cui nascono da secoli vini eccezionali, anche le pesche sono diventate protagoniste: la determinazione di Martinis ha prodotto le varietà con le migliori qualità organolettiche, l'adattamento al clima locale, la resistenza ai parassiti e, cosa non da poco, capaci di sostenere il reddito delle aziende agricole! Alcune sono ancora coltivate in altre regioni italiane quali Veneto, Emilia Romagna e Campania.

Come sottolineano gli autori del libro, che hanno intervistato il figlio dottor Arturo Martinis ed alcuni suoi anziani collaboratori, fra cui Duilio Gon:

Pere della varietà Goriziana rosa.

Si ricorda anche l'interesse per il miglioramento del pero (ad esempio, utilizzando come genitore la varietà locale "Pero fico"), il rinnovamento varietale del melo, lo sviluppo della viticoltura con la valorizzazione del vitigno autoctono "Refosco dal peduncolo rosso".

La raccolta della frutta è terminata, gli operai vengono richiamati dalle campagne. Din don! Din don! Din don! Le due piccole campane poste alla sommità dei fabbricati agricoli che sorvegliano l'ingresso alla Villa di Langoris suonano per avvertire che la giornata lavorativa è terminata.

VIII

LE CHIESE

Din don! Din don! Din don! Erano le cinque del mattino a Gorizia, ma per la superiora delle Orsoline era consuetudine alzarsi all'alba, per pregare assieme alle consorelle. Quel giorno, però, Marianna Locatelli doveva rispondere alla lettera del vescovo di Trieste Antonio Leonardis, datata Natale 1822. L'anno nuovo era giunto ormai: giovedì 2 gennaio 1823 le campane proseguivano a svegliare le suore e i vicini.

I pensieri di Marianna andavano alle chiesette di famiglia, quella di città e quella di campagna.

Ad Angoris, nell'ala destra della villa c'è la cappella di Santa Cecilia, in precedenza intitolata a San Giorgio. Era dedicata a tutti i Santi officiati contro le tempeste e le avversità. Perciò, fino a pochi anni fa, da Angoris partiva il segnale di inizio e di fine dello sparo dei razzi antigrandine all'avvicinarsi delle pericolose nubi. Sull'altare una pala del Seicento raffigura la Madonna col Bambino, con alla destra Santa Cecilia e Santa Rosa da Lima oppure Santa Barbara – non è ben chiaro –, mentre a sinistra sono rappresentati Sant'Andrea, Sant'Antonio e San Francesco Saverio. Sul soffitto dei piccoli angeli piacciono da sempre ai bimbi, quando annoiati alzano gli occhi al cielo.

Nel 1861, Giorgio Locatelli dispone nel suo testamento che l'erede universale faccia celebrare annualmente nel giorno di San Giorgio una Santa Messa "nella pubblica cappella in Langoris", in suffragio della sua anima, e così pure ogni 23 novembre per la sua defunta madre. Ma di fare anche del bene per la chiesa di Borgnano.

Pergamena con l'autorizzazione all'erezione del Convento dei Domenicani a Farra, a seguito del lascito testamentario di Andrea Locatelli. Vienna, 1702.

In centro a Cormons c'è l'altra cappella di famiglia, ultimata nel 1705, nel Portico dei Rivolt. Marianna ricorda una pala d'altare raffigurante l'Annunciazione, mentre ai lati erano dipinti San Francesco e Sant'Antonio. Alle pareti del corridoio c'erano tre dipinti di soggetto biblico, Giobbe, la decollazione del Battista e Giuditta, e sei tele di carattere allegorico.

Ricordava anche che il padre le aveva raccontato di alcuni campanari in famiglia. Da quando era diventata superiora a Gorizia, aveva avuto il tempo e la possibilità di fare molte ricerche. Tutto era confermato! Il primo era stato Bernardino Locatello, fonditore che era venuto a Gorizia e già nel 1548 risulta "aver un sedime al di qua del Corno, per il quale pagava all'urbario camerale 21 fiorini renani all'anno". La sua campana più vecchia, da quello che Marianna aveva poi scoperto, risaliva al 1553, fatta per la parrocchia di San Servolo a San Dorligo, sotto il castello dei Petazzi. Poi una dell'anno successivo era a Vreme nella Carniola, mentre l'ultima nota è del 1569, per la chiesa di San Rocco a Novacco. Fra le carte antiche aveva trovato anche un tal Ludovico (1630) e poi sulle campane stesse la sigla G.F.L. e GIOANI FRANCISCI LO (1650).

> "Ma Gianfrancesco Lo non era altri che un de Locatelli, forse figlio di Lodovico, del ramo «detti Campanari», come ci chiarisce il de Brumatti, famiglia tra le «men vecchie, ma però non tanto nuove», venute a stabilirsi in città al tempo dell'«Imperatore Massimiliano citra», cioè dopo il 1564. Infatti, forse in ricordo del nonno, al figlio di Gianfranco e di Maria Locatelli, battezzato l'8 maggio 1631, alla presenza dei padrini Rodolfo Pesler e Caterina Coronini, era stato dato il nome Lodovico".

La cappella nella chiesa parrocchiale dei Santi Ilario e Taziano di Gorizia è quella di San Nicolò e, prima del 1591, era tenuta dal sacerdote Giuseppe Locatelli.
L'altra scoperta riguardava i famosi Pacassi. Un documento attestava l'opera di Giovanni "il vecchio" e di suo figlio Leonardo alla Castagnevizza e come

> «(…) fino al giorno d'hoggi (14 febraro 1691) sijno stati à pieno pagati et sodisfatti tanto per le opere fatte nel riparo della Chiesa et Cappelle del Sig.r Bar. Andrea Locatello (…)»

Marianna si chiedeva se fossero attribuibili a loro anche alcuni interventi nelle chiesette di Langoris e di Cormons. In fondo Leonardo aveva realizzato l'altare maggiore del Duomo di Gradisca, come pure gli altari delle chiese di Chiopris, di Capriva e di Mariano. Giovanni Pacassi "il giovane", una volta realizzata la cappella dell'Immacolata Concezione a Medea, verrà chiamato a Vienna per trasferirsi poi a Wiener Neustadt, dove nel 1716 nasce il ben più celebre Nicolò. Nel 1769 assurgerà allo stesso rango dei Locatelli: barone, anzi *Freiherr von Paccassy*.
Sempre nel XVIII secolo un suo prozio donerà fondi per la creazione di un monastero. Con testamento del 14 aprile 1701 il dottore in ambe le leggi Giovanni Andrea Locatelli lasciò eredi delle sue sostanze i Domenicani di Farra, a condizione che edificassero in Cormons chiesa e convento e vi aprissero una scuola elementare per i fanciulli del luogo. Senonché col passar degli anni vi sostituirono lezioni di filosofia e teologia per chierici.

Soffitto della cappella di Santa Cecilia ad Angoris.

La Superiora scopre anche che la chiesa parrocchiale di Farra è in *giuspatronato* agli eredi di Ludovico Locatelli di Mossa. A metà '700 i suoi avi avevano beni padronali pure a Mariano, nella cui parrocchia rientra la chiesa di Corona. Il 7 aprile 1623 i fratelli Giacomo e Salvator Locatelli di Cormons rinunciarono a favore della chiesa di Corona ad un loro campo situato in località Monticello e chiamato il "pestadòr", per il quale contribuivano annualmente con due pesinali a granoturco e tre secchie di vino. Dopo aver subito una lunga serie di furti e di rapine, al tempo delle Guerre Gradiscane, i Locatelli preferirono donare il pezzo di terra.

Interni della cappella di Santa Cecilia ad Angoris.

Il dono delle tre secchie di vino rimase però in uso fino all'inizio del '900!

Le ricerche distraevano di tanto in tanto Marianna dalle preghiere e dall'insegnamento, ma era così coinvolgente scoprire i legami con le chiese, i doni in frumento e in vino, i lasciti:

> "1635 fabbraio 5, Cormons. Dichiarazione, con cui Antonio Locatello di Ailenburg rinuncia, a nome proprio e dei fratelli, al campo detto *su la riva* a favore della chiesa di sant'Adalberto, a condizione che il proprio colono possa provvedere al raccolto dell'anno in corso"

Altri atti li sottoscrive *Sebastianus Columbichius*, notaio in Cormons, la cui famiglia si sarebbe imparentata con i Locatelli:

> "1663 agosto 29. Iosephus Morsanus, con il consenso della moglie d. Susana e la licenza del parroco di Cormons d. Stephanus del Mestri, dei camerari e dei sindaci, cede al d. Antonius Locatellus de Ailenburg una casa con cortile per 71 ducati e contro l'assunzione degli oneri dovuti a detta chiesa, consistenti in 2 pesenali di frumento, 3 di segale e lire 6 di soldi, fino a un totale stimato in 28 ducati, 1 lira e 3 soldi.
>
> 1670 settembre 18. Per affrancare un debito verso la chiesa di Cormons, Giacomo Rodella, quale curatore testamentario di Giovanni Giacomo q. Francesco Locatello, cede al cameraro della stessa chiesa Giovanni Novaiolo parte di un terreno sito nelle pertinenze di Cormons in località detta *al monticello*"

Chissà quanti vini rossi prodotti a Langoris o a Novali saranno serviti per officiare le messe?! ..."*vinum debet esse naturale ex genimine vitis et non corruptum*", recita il Codice Canonico. E continuò a leggere dai *Sermones*:

> ...*Propter poenas* **langoris** *est largitus eis lectus ubi requiescunt, thalamum regis et reginae, qui omnia mala resanant...*

IX

COLONNELLO LOCATELLO E LE GUERRE

La civetta in araldica è simbolo di prudenza, di silenzio e di vittoria. Nel caso dei Locatelli, gente fattiva che riuscì ad arricchirsi ricevendo favori e diplomi nobiliari, conservarono quale cognome il nomignolo di *Locatelli* loro affibbiato dalla popolazione che li ospitava e ad assumere quale stemma l'allocco, dal bergamasco *loc*. Una di queste era capitata verso la metà del Cinquecento a Gradisca con Giovanni Antonio, il cui figlio Giovanni Andrea ottenne dall'imperatore la concessione di uno stemma con diploma dato da Graz il 17 dicembre 1569. Lo stemma venne poi riconosciuto da Ferdinando II nel 1615. Il terzo diploma fu rilasciato da Ferdinando III nel 1634 al figlio di Giovanni Andrea, Gio Batta e ai suoi figli Andrea, Antonio e Locatello, con la conferma della nobiltà, l'ampliamento dello stemma e l'aggiunta del predicato di *Eulenburg* (Castelcivetta).

Locatello! Chi era costui? In un vecchio libro Carlotta trovò una biografia:

> Ebbe Gio Batta Locatelli tre figli: il maggiore Andrea, che fu dottore in medicina, spiegò non comuni cognizioni e grande abnegazione e valore quale medico militare, addetto prima alle armate in Piemonte, e poscia a quelle della Slesia durante il periodo che in essa faceva strage la peste; Antonio e Locatello, capitano nell'esercito imperiale che fu celebre pel suo strenuo valore spiegato in varie battaglie e combattimenti, fra quali noteremo la ritirata dell'armata imperiale dalla Slesia, ove il Locatelli con pochi prodi seppe presso Staina fermare l'inimico, difendendo il ponte, fino a che tutto l'esercito ebbe campo di varcare il fiume. A Francoforte sull'Oder, durante l'assedio, sortito con pochi

Incisione raffigurante il barone e colonnello Locatello de Locatelli, realizzata da Friedrich van Hulsius nel 1649.

soldati, s'impossessava delle trincee nemiche uccidendo di propria mano sei uomini, come ne fa fede il diploma imperiale.

Locatello, sì, il famoso colonnello dell'esercito imperiale, che aveva combattuto a Gradisca, in Slesia, a Schweidnitz, Liegnitz, Neisse, Lutzen, Frankfurt sull'Oder, Troppau, Zittau ecc. difendendo la fortezza di Dömitz. Ferdinando III, dopo avergli dato il titolo baronale, nel 1648 gli donò un podere di 300 campi. Una decisione già presa il 7 febbraio 1644. Così viene descritto in un altro tomo polveroso:

> "Nel fior dell'età abbracciò lo stato militare, e diede principio all'ardua e pericolosa carriera sotto Baldassare Marradas, allorché i soldati della veneta repubblica oppugnavano Gradisca. Per gradi ascese a festigio di onori: fu signifero, capitano, capo delle scolte, celiarca cesareo, finalmente per molti anni governatore di Dömitz nella bassa Sassonia, ove con valore ed intrepidezza difese quel propugnacolo da Cesare alla sua fedeltà commesso, eluse con stratagemmi le macchinazioni de' nemici, inchiuso sostenne con invitto coraggio una fame estrema, si segnalò nella guerra danese, italica e germanica, fu in molte mischie e s'ebbe il corpo coperto di nobili cicatrici ricevute sul campo della gloria peritura: pei quali meriti distinti l'augusto monarca Ferdinando III iterate volte l'onorò col titolo di eroe fortissimo, e lo innalzò assieme col fratello Antonio al grado di barone del sacro romano impero..."

Nella villa c'era una stampa del noto incisore olandese Fredericus Hulsius che ritrae "Iosephvs Locotell de Locotellis Baro a Schoenveldt" con il motto "**Di ben in meglio**" e l'anno: 1649.

Quindi era un eroe, un condottiero nella Guerra dei Trent'anni, agli ordini dell'imperatore! Ma il servizio alla corte imperiale era iniziato con il padre. Nelle difficili ricerche Carlotta fu aiutata da un giovane sergente, laureato in storia e bibliotecario a Venezia, che era stato ferito sul fronte del Carso ed era ben felice di prolungare la sua convalescenza a Langoris. L'esercito italiano era carente di ufficiali e i laureati, come lui, venivato promossi a sottotenenti. Non era però la sua aspirazione.

Le notti passate nella villa permettavano a Carlotta di consultare nell'archivio le carte più antiche. L'origine bergamasca era provata in un documento del 1613, riguardante beni a Tapogliano,

Ritratto a olio a figura intera raffigurante Locatello o il fratello Andrea Locatelli. Metà '600.

Jacobus Locatellus bergomensis habitans in Cormons, figlio del defunto Battista di Bergamo. L'eredità in favore dei figli Giovanni, Giovan Battista, Antonio detto Salvatore, e Lucio comprendeva proprietà a Cormons e nel bergamasco intestate a Jacopo e al fratello Bernardo.

All'archivio di Stato di Vienna si conserva un lasciapassare rilasciato nel 1596 a Locotell Johann Baptist, ex corriere di corte. Al 7 febbraio 1607 risale, invece, una lettera di questi, forse indirizzata al sovrano. *Locotel*, quindi... Era questa la grafia che all'epoca si usava negli Stati di lingua tedesca. Sull'incisione di Hulsius sta scritto infatti "Locotell de Locotellis". Anni dopo, l'8 marzo 1634: Johann Baptist Locatellus e i suoi figli, Andreas, dottore in medicina, Anton, e Locatel, capitano imperiale, ricevono la conferma della nobiltà, l'*exemptio* (esenzione dal servizio civile), la Salva Guardia, una sorta di "salvacondotto". Con due stemmi conservati, uno in bianco e nero, ed uno a colori. Di Andrea esiste uno stemma datato 1646 e conservato ad Agram, cioè a Zagabria.

Altre volte, però, il loro nome era "Lucatello" ed appare per la prima volta in connessione con il reggimento Piccolomini in una lista degli ufficiali dal dicembre 1633 in poi. Sucessivamente è indicato come capitano alla testa di una compagnia di "76 montati", ovvero truppe a cavallo.

E poi ecco i carteggi del colonnello, alcune lettere con messaggi cifrati, minute scritte da Dömitz. Risposte ricevute da altri comandanti. Strani simboli e numeri rendevano incomprensibile quanto era scritto, ma Carlotta era troppo curiosa. Non si dava pace, in quei momenti di guerra in cui viveva. Desiderava addentrarsi in quel conflitto iniziato tre secoli prima. Lo aveva studiato superficialmente a scuola. Ricordava a malapena gli scontri tra cattolici e protestanti, fra Savoia e principi tedeschi, fra danesi e boemi, ma senza saperli collocare... Un nome le era rimasto in mente: il Wallenstein. Ora aveva tra le mani lettere autografe del grande condottiero, assieme a quelle del Gonzaga e del Montecuccoli.

Talvolta passava le notti a rovistare tra le carte a lume di candela, poi si risvegliava e trascorreva la giornata a curare soldati feriti e colerosi, sostituendo le suore che di tanto in tanto andavano a trovare le consorelle a San Quirino.

Stemma dei baroni Locatelli, prima metà '800.

Una sera, con stupore, trovò una lettera cifrata, ma decrittata dallo stesso Locatelli! Perciò riuscì ad interpretare anche le altre, che aveva accantonato rassegnata. Questa scoperta le diede nuova energia e, piano piano, noncurante delle granate e degli *schrapnell* austriaci, ricostruì i 18 anni di servizio di Ailenburg. Entrando come per magia in un mondo lontano.

Forse aveva avuto il battesimo del fuoco nelle Guerre gradiscane, distinguendosi agli ordini del generale Maradas: cavaliere di Malta, era arrivato a Gorizia il 27 maggio 1616, quale colonnello al servizio del re di Spagna, e alla morte del Trauttmansdorff diventava generale e assumeva il comando dell'armata. Maradas morì in Slesia nel 1640, dove combatteva anche Locatello. "Ma se le Guerre gradiscane finirono nel 1617 Locatello non poteva essere nato nel 1608! Mah?" si interrogava Carlotta.

> Nato a Gorizia nel 1608 si distinse sotto il generale Maradas nella guerra di Gradisca e nel 1632 divenne colonnello. Pugnò da prode sul ponte di Steinach in Stiria, guerreggiò a Sweidniz, Leignitz, Niesse, Lutzen, Francoforte, Troppavia, Zwittau, Studgard, Magdeburg, Rottenau e difese le fortezze di Meklenburgo e Glaz. Fu nel 1642 comandante di Namslau e poi governatore di Dömitz, nonché facente funzioni del governatore generale della Slesia.

Nel 1637 conquistò la città imperiale di Giengen, dove le spese di alloggio ammontavano a 5.969 fiorini. Poiché la città non poteva pagare l'importo richiesto entro la data prevista, i borgomastri Amann e Braun furono portati da Locatelli come ostaggi a Höchstädt sul Danubio. In un'altra lista, del dicembre 1638, "Lucatello" figura per l'ultima volta con il grado di capitano nel reggimento Jung-Piccolomini, la sua compagnia ora aveva una forza di "38 montati e 26 non cavalcati". I suoi soldati erano misti. Negli anni a venire avrebbe creato un proprio reggimento di fanteria, assoldando militari nella Guerra dei Trent'anni: *Peditum Colonellus*.

Nel 1640, tenente colonnello, era governatore di Dömitz. Quattro anni dopo, diventato colonnello, scriveva una relazione sui suoi servizi prestati allo stato pel corso di 23 anni. Sembra che rimase comandante di questa città fino al 14 settembre 1643, perché in quella data il Consiglio di guerra di Corte decreta l'addio all'ex comandante della fortezza di Dömitz, tenente colonnello Locatello Locatelli.

Forse incominciò la sua carriera militare contro la Danimarca e assistette al primo assedio di Mantova. Questi suoi trascorsi lo legano a don Luigi di Gonzaga che, nel 1645, con una lettera cifrata lo avverte che le truppe nemiche si trovano sulla frontiera della Slesia e gli ordina di partire subito col suo reggimento da Namslau, lasciandovi un capitano ed una compagnia di presidio.

12 febbraio 1645, Locatello Locatelli rimprovera il conte Schlick per aver impedito un bando militare in Slesia. Egli era nel 1645 *Obrist* (colonnello) in servizio e viene citato in occasione dei combattimenti contro le truppe svedesi. Lodovico Gonzaga scrisse a Gallas il 22 ottobre 1645:

> "Presumibilmente, gli svedesi sono contro Glatz e vogliono impadronirsi della città; avevo quindi inviato Locatelli. Lui stesso non ha l'impressione che il nemico volesse conquistare Glatz, perché Torstensson non aveva fanteria e Königsmarck ancora nelle vicinanze di Weißkirchen, Leipnik e Fulnek".

Secondo le date della corrispondenza, però, nel luglio di quell'anno si trovava ancora a Namslau come comandante. Anzi, il grande stratega Montecuccoli gli scriveva da Reuss, il 23 marzo precedente,

> sembrargli impossibile che il nemico colla piccola forza di 600 uomini azzardi di agire contro quella piazzaforte; in ogni caso raccomandavagli di tenersi in guardia, prendendo al bisogno in aiuto anche la cavalleria slesiana.

Carlotta poteva andare nei paesini vicini a Langoris ad acquistare materie prime, soldati ed ufficiali si stabilivano in case requisite, ma nulla di funesto accadeva nelle retrovie. Tre secoli addietro sembrava molto diverso, le armi erano primordiali, le truppe si affron-

Stemma del medico Andrea Locatelli, conservato a Zagabria. 1646.

tavano in modo ordinato. Non c'erano né fucili automatici né tantomeno mitragliatrici, non si usavano gas e non si moriva in trincea. Senza cannoni a lunga gittata e aerei, si occupavano le città. È una lettera di Gonzaga ad aprirle gli occhi su ciò che accadeva nelle retrovie. Scrivendo da Reuss, il 2 novembre 1646, raccomanda al Locatelli "di vietare severamente alla soldatesca che nelle città si molestino i borghesi con insulti o con saccheggi". E raccomanda di non commettere sevizie nel villaggio di Meistriz, ove da quei villani furono uccisi un caporale e due moschettieri.

Ecco, ad esempio, una delle tante decisioni prese dalla città di Gradisca a fine '600:

> fu risolto che alla fanteria li villaggi contribuiscano per il bisogno della soldatesca con Candelle, Legna et paglia com'è praticato nelli paesi ereditari di S.M. Che sia tenuta in buona disciplina, si faccino di quando in quando alcuni regaletti di fieno, Vino et altro che si stimasse convenevole et che anco alla milizia medesima quando si contenga nei termini propri, senza insolentare né molestare la gente, si dia di quando in quando un boccale di vino per testa.

Iniziano gli anni della maggior soddisfazione, nel 1647 riceve il titolo di barone, nel 1648 poi chiede 1.000 campi, in ragione dei 18 anni di servizio, "per istanza fattaci in sua lode dal fratello arciduca Leopoldo Guglielmo", nel 1649 verrà ritratto da Frederik van Hulsen. **Di ben in meglio**, insomma. Anche se a Cormons erano anni difficili: il 1° aprile del 1647 si bruciarono in piazza, davanti alla folla festante, Lucia moglie di Romano Tomba ed Antonia Bevilacqua di Borgnano, accusate di stregoneria.

Ma non ha cessato totalmente il servizio: il 18 luglio 1647 il colonnello appare nei rapporti di von Fenden su Breslavia e lo si propone per il posto di comando. Sempre a quell'anno risale l'insediamento del reggimento Locatelli, fra le unità presenti nella Slesia.

Sicuramente è a casa il 2 marzo 1649, poiché a Gradisca, nella casa del nobile Geminiano Comelli, si riunisce la Dieta e "i signori Antonio et Colonello fratelli Locatelli di Cormons, con voti 22 nel sì e uno nel no, sono creati Nobili provinciali di Gradisca". Un fatto importante, un privilegio anche economico, considerata la decisione presa qualche anno dopo:

> che gli osti debbano levar prima li vini della nobiltà habitante et altri habitanti, et doppo di questi, quando non ve ne siano più, pigliar debbano quelli di negotio dalli mercanti di Gradisca.

Allo scioglimento dell'esercito – nel 1650 – risultavano ben 54 quelli arruolati o assunti da lui fra il 1640 e il 1649. Molti veterani della Guerra dei Trent'anni entrano nel reggimento di Ranfft in Carinzia, nel 1651. Alcuni invece lo seguono, per poi stabilirsi chi a Kamnik (Stein), chi a Skofia Loka (Bischofslack) o a Kranj (Krainburg). Il caporale Hans Krieger, da Danzica, al servizio di Locatelli dal 1646, nato nel 1615 e finito poi a Treglwang, lo segue con moglie e 3 figli. Georg Mayer, da Meissen, va a Bischofslack, con la moglie.

Nel 1656 Locatelli è menzionato in occasione di un ammutinamento dell'esercito imperiale. Sempre per il vil denaro: "La divisione pianificata dei vecchi reggimenti aveva fatto male sangue, tanto più che metà del reggimento Ranfft doveva subentrare solo a Locatelli, fin dai tempi in cui comandava la fortezza sull'Elba Dömitz, ma preferiscono far scomparire nelle loro tasche la paga della sua gente".

L'11 aprile 1664, il comandante della fortezza di Olomouc, Winter, scrisse a Wrangel del reggimento di fanteria Locatelli che si trovava a Frankstadt in Moravia. Ma oramai aveva cessato il servizio. Deceduto, probabilmente nel 1668, rimarrà viva la sua fama. Tant'è che fu costituito un reggimento con il suo nome, attivo anche nei secoli successivi!

In molti libri storici tedeschi che narrano di guerre del Seicento e Settecento si trovano ufficiali del Reggimento Locatelli, poi diventati

Diploma di donazione dei 300 campi. Graz, 8 giugno 1647.

importanti condottieri. Fra questi Camillo di Colloredo, Ciambellano di Corte, di cui è ricordato il fedele e prolungato servizio (per nove anni), lasciando intendere che avesse preso parte alle varie fasi della guerra di Successione austriaca, consumatasi tra 1740 e il 1748.

Così pure Giuseppe Venceslao principe di Liechtenstein (1696-1772), sovrano del suo Paese, era stato persino comandante del *Locatellischen Cuirassier Regiment* prima di diventare un grande stratega, celebrato come uno dei più famosi generali dell'esercito austriaco.

X

LA VILLA

Edificata nella prima metà del Settecento – secondo alcune fonti nel 1735 –, sopraelevata di un piano e notevolmente modificata nell'Ottocento, dopo ogni Guerra mondiale è stata oggetto di una ristrutturazione.

Da una visita pastorale del 9 aprile 1753 del nuovo arcivescovo Attems, risulta evidente la presenza di una chiesa *extra oppidum*, dedicata a tutti i santi protettori contro le tempeste e le avversità, annessa alla residenza. Nel 1811, come attestato da alcuni documenti catastali, la villa era utilizzata come casa di vacanza ed era proprietà del barone Giorgio Locatelli. Nel 1864, Michele scrive al cognato Gian Paolo Polesini "infallibilmente vi attendiamo con i tuoi piccioli li primi del mese venturo (agosto) à Cormons e poi decideremo cosa sarà da farsi riguardo il soggiorno a Langoris".

Nel 1868, in un articolo, viene definita "Schloss Angoris" ovvero "castello". I convenuti, si legge, «prima visitarono il giardino e il parco e poi salirono sulla collina nel parco, da cui si gode uno splendido panorama. Lì furono cantati numerosi cori, e poi tutta la compagnia ritornò al castello, nella sala (...)».

Scoppia la Grande Guerra e il sequestro della proprietà fu una conseguenza inevitabile. Inizialmente la villa ed i terreni retrostanti vengono requisiti sin dai primi giorni del conflitto, con un'ordinanza intestata "Municipio di Cormons e Povia", e messa a disposizione dell'Esercito Italiano che adibisce l'edificio ad ospedale militare. Durante la requisizione alla famiglia Locatelli veniva pagata un'indennità mensile di 750 lire italiane. Il 6 dicembre 1916, in pieno periodo di occupazione militare italiana, viene annotato sul libro

La villa in un acquerello di metà '900.

tavolare il sequestro delle realtà del Barone Giorgio Locatelli; sequestro che avrà fine il 7 giugno 1919 con la restituzione dei beni. Elena d'Aosta, nelle sue memorie, la definisce "la grande casa".

Altre descrizioni si trovano nel diario di suor Filomena: "Mendes fece preparare la casa per noi e per gli ufficiali nel castello Locatelli. Fece dividere per bene la nostra abitazione affinché non avessimo comunicazione cogli ufficiali, e fece alzare un muro per dividere il nostro terrazzo. Avevamo due grandi camere da letto e una piccola stanzetta, quattro grandi finestre che guardavano tutto il panorama di Cormons; una bella saletta per refettorio ed una cucinetta; era tutto diviso per bene che sembrava un conventino e la tribuna che guardava in Chiesa dove si adorava il Santissimo Sacramento e questa era la nostra più grande consolazione. Ma l'11 dicembre (1915) fu attaccato il fuoco alla nostra casa. Nella nostra saletta da pranzo vi era una stufa, per il grande calore che mandava si accesero le canne che stavano fra le pareti, e si formò l'incendio".

Due mesi prima, suor Maria Augusta in una lettera scriveva alla Superiora a Genova:

La villa oggi.

"Langoris Nuova Italia – villa Locatelli Ospedale 230.
La sera poi, prima di addormentarmi, sento una gran consolazione nel guardare il tetto del granaio che ci serve di dormitorio, il quale tanto mi ricorda la capanna di Betlemme".

Ed ecco cosa scrisse Raffaele Paolucci, ufficiale medico: "Nelle stanze a pianterreno della villa mettemmo a terra molti pagliericci, piuttosto ravvicinati l'uno all'altro, tanto da lasciare appena il passaggio necessario al medico ed all'infermiere. (…) Noi dormivamo in una specie di soffitta, che doveva forse essere stata un granaio, ampio, capace, ma direttamente sotto il tetto e quindi caldissima. Avevamo sistemato le nostre cuccette agli angoli della soffitta, cuccette che erano state fabbricate da noi stessi con telai di legno sorreggenti una tela di sacco e su di questa parecchia paglia. La stanchezza e la gioventù rendevano comodi questi giacigli e saporito il sonno".

Paolucci ci fa sapere anche dell'esistenza di una vasca in giardino: "Talvolta però il gracidare delle rane, in una grande vasca, nel

La villa trasformata in Ospedale militare, con la bandiera della Croce Rossa sul tetto. 1915.

giardino posteriore della villa, era così alto e violento da mettere a dura prova i nostri nervi. Ebbi allora una mattina la malaugurata idea di gettare un secchio di calce viva entro la vasca. Parve sul momento che nulla accadesse nella vita subacquea della vasca assai larga e profonda, ma quale non fu la mia costernazione la mattina seguente quando vidi galleggianti a centinaia, con le pancine bianche rivolte al sole, le rane che io avevo ucciso!"

Terminata la guerra, fu subito restaurata e ampliata. Eccone un piccolo resoconto. Nel 1919, infatti, si legge in un quotidiano un trafiletto dal titolo *"Disastro edilizio a Cormons"* nel quale il redattore scrive:

> "Giunse notizia da Cormons che in Angoris, paesello poco distante, è crollata la villa in ricostruzione del barone Locatelli. Nel lavoro, assunto dall'impresa "L'italianissima", erano occupati una sessantina di operai. Si deplorano due morti e sette feriti".

L'ingresso alla villa nel 1915, con tenda e mezzi militari italiani. 1915.

La proprietà passa di mano nel novembre 1937 a Max Orefice e, dal 1° febbraio 1939, risulta intavolata alla S.A.T.C.A. Società Anonima Trasformazioni Conduzioni Agricole, con azionisti i fratelli Giuseppe, Luigi e Orlando Miani. Nonostante si fosse all'inizio del Secondo conflitto mondiale, i nuovi proprietari affidarono, nel 1939, all'architetto romano Tullio Rossi i lavori di restauro e l'arredo della villa, e nel 1940 anche la ristrutturazione della dependance.

Il biliardo

Al piano terra della villa, un'accogliente *billiard-room* colpisce Enrico di Chambord. A fianco della porta due ritratti: a destra un gentiluomo tiene in mano un foglio con un disegno geometrico e la data 1756, a sinistra la presumibile moglie. Sulle pareti più grandi due grandi scene di battaglie navali a largo dell'isola di Malta. Forse

Cartolina raffigurante la villa Locatelli. Inizio '900.

contro i corsari barbareschi o contro la flotta ottomana. Ma l'attenzione torna sul tavolo verde. Il gioco era stato inventato proprio alla corte di Francia, dai suoi antenati, perciò i Borboni ne erano grandi giocatori.

«Il primo tavolo da biliardo di cui si ha notizia è quello ordinato da Luigi XI, sovrano di Francia, nel 1470. Re Sole ne fece installare uno a Versailles e, nel 1792, Luigi XVI e Maria Antonietta giocavano a biliardo alla vigilia del loro imprigionamento». Il principe conosceva bene questo gioco, ma qualcosa non gli tornava: i birilli erano 9 anziché 5.

«Qui si gioca alla Goriziana, Monsieur» disse il barone. «La Goriziana è una specialità di gioco del biliardo all'italiana. Esistono anche le Boccette alla Goriziana: si gioca senza stecca, e con quattro bilie anziché tre».

Mentre la specialità di gioco all'italiana a cinque birilli fu praticato nelle corti, specialmente presso i Borboni, la specialità denominata goriziana, come l'etimo suggerisce, nacque in zone di contado e fu subito gioco di popolo. Queste informazioni piacquero molto al conte di Chambord, perciò si ricordò di aver letto anni prima del biliardo e del batti-fondo su *Il Diavoletto* del 1854 e anche di quanto aveva scritto Karl von Czoernig nel suo rinomato volume

Das Land Görz und Gradisca (La principesca contea di Gorizia e Gradisca), stampato a Vienna nel 1873:

> "Presso Serpenizza, in vicinanza di Caporetto, si ricava del buon gesso, specie per le stecche da bigliardo".

Durante la Grande Guerra gli ufficiali italiani trascorreranno qualche ora di ozio in quella sala da biliardo!

L'arredo

Per parte dell'arredo della villa, come del palazzo di Cormons, possiamo supporre che siano stati assoldati i seggiolai di Mariano. Un'attività nata grazie ad alcuni falegnami che, all'inizio dell'800, "alla fabbricazione di mobili dietro ordinazione, aggiunsero quella delle sedie greggie che essi vendevano specialmente a Trieste". Attorno al 1850 l'attività diventa particolarmente remunerativa, au-

Il giardino nel retro della villa, in una foto antecedente la Grande guerra.

menta il numero degli artigiani e gli sbocchi commerciali: Udine, il Tirolo e l'Oriente. Nel 1877 fu istituita la "Società operaia Marianese di mutuo soccorso" affinché i seggiolai avessero un aiuto in caso di malattia.

La bandiera della società venne benedetta solennemente domenica 31 agosto 1879, con l'intervento delle massime autorità provinciali e un grande concorso di popolo. Madrina fu proprio la baronessa Maria Locatelli nata Strassoldo-Villanova! In seguito, nel 1880, nacque una *scuola speciale* e nel 1883 una *Cooperativa fra seggiolai*, con 32 affiliati. Quell'anno la produzione di sedie fu di 780 pezzi. Nel 1912 sarebbe stata di ben 125.412!

XI

CUCINA

"Al mattino avevamo caffè e latte, a mezzogiorno pranzo, merenda alle 4, insomma eravamo come nella nostra Comunità", scriveva seduta su una grande sedia di legno suor Filomena, appena alloggiata con le consorelle al Monastero di Cormons. Arrivate il 27 agosto 1915 a Langoris, dov'erano destinate, i soldati diedero loro quattro tazze di brodo, "scodelle di latta colla ruggine, poco pane, quattro pezzi di carne, e poco vino". Non fu un benvenuto coi fiocchi, ma almeno, quello stesso giorno, ricevettero diversi generi, fra cui 8 asciugamani per cucina, 2 grembiali per cucina, 6 strofinacci di cotone, brocche, catini... Nonché dell'arredo, ben più povero di quello della villa, per iniziare ad ambientarsi e ad alloggiare nelle proprietà Locatelli requisite dall'esercito:

Pagliericci	8
Letti di ferro	8
Comodini di ferro	6
Portacatini di ferro	8
Sedie in legno grandi	12
Scabelli in legno bianco	7
Cavalletti in legno	4
Attaccapanni in legno	2

Inoltre, 2 cassettoni di noce e 1 vetrina di noce presi dal mobilio elegante della villa.

Qualche mese dopo, la situazione era leggermente migliorata. Nel Natale 1915, al mattino, "abbiamo passato ai feriti il cioccolato

16 - 6 - 1916

Generi consegnati alle Suore
 Terziarie Cappuccine di Genova
Il giorno 27 - Agosto nell'Ospedale da Campo di Langoris

Lenzuoli di filo e cotone. Dicembre 24. Ricevuti	6
Federe di filo e cotone	21
Copriletti bianchi. il 4 Febbraio 4 Restituiti	
Asciugamani filo fini. Febbraio 12 Ricevuti	6
Idem per cucina	8
Grembiali di cucina	2
Strofinacci cotone	6
Coperte cotone - Mese di Febbraio consegnate 4 Ricevute di lana	
Idem lana. Mese di Dicembre 19 Ricevute	6
Materassi di lana	8
Guanciali di lana Febbraio consegnati 6 - 14 Ricevuti	?
Paglierici	8
Letti di ferro	8
Comodini di ferro	6
Portacatini di ferro	8
Catini smaltati	10
Brocche	3
Cassettoni di noce	2
Sedie in legno grandi	12
Idem piccole	1
Scabelli in legno bianco	7
Orologio a sveglia	1
Vetrina di noce	1
Cavaletti in legno	4
Attaccapanni in legno	2

Prima pagina dell'inventario di quanto consegnato alle Suore Terziarie Cappuccine. 27 agosto 1915.

e latte, a pranzo a quelli che stavano più bene abbiamo dato pasta al sugo, rosbif, biscotti, aranci, Marsala".

Nell'archivio rimasto nella biblioteca, c'era anche il ricettario manoscritto di Marianna che, fra le tante omonime, potrebbe essere stata Maria Anna Locatelli nata a Cormons, il 10 gennaio 1832, dal barone Antonio e da Beatrice Nonis.

La lettura del ricettario faceva scoprire a Carlotta le tradizioni gastronomiche della "terra di Cormons", come era definita dall'autrice. Da un lato si percepivano i cambiamenti che erano avvenuti nel corso dell'800, fra i quali i sistemi di misura, dall'altro si notavano come i retaggi della tradizione friulana, austriaca, slovena e veneta, si arricchivano di contaminazioni provenienti da altre parti d'Europa. Alcuni sconosciuti, come i "Sunckenfleck alla furlana" o il "cuguluf" (da *Kugelhupf*), altri piatti facilmente intuibili, dai "crostoli alla viennese" ai "maccheroni alla tedesca", dal "golas" ungherese a gnocchi di gries e di fegato, per arrivare al "risotto alla milanese" e alla "frittura secca alla francese".

Sembrava una giostra di sapori e di invenzioni, talvolta frutto di un'orgogliosa affermazione della propria storia: era il caso della "cotoletta alla furlana", un'indebita appropriazione della milanese detta anche *Wienerschnitzel*, e della gubana goriziana, ben distinta da quella omonima di tradizione cividalese. All'epoca, nella piazza Locatelli, ogni mattina – dalle 5 – aveva luogo il mercato della frutta da esportazione, favorito dall'arrivo della ferrovia nel 1860, e nei mercoledì e venerdì c'era il mercato settimanale. Nel periodo delle ciliegie venivano trattati anche 10.000 quintali!

«Ecco perché fate lo strudel di ciliegie!» esclamò la ragazza guardando madre Pia, Superiora delle Suore della Provvidenza di Cormons. La calligrafia di Marianna era elegante, ma alcuni termini non erano famigliari a Carlotta. «Cos'è la "cioccolata d'ufficio"?» chiese a madre Pia. «Era quella amara in grossi quadrati usata per la glassa». E la "farina fine d'Ungheria"? «Era quella venduta in pacchi di carta grossa color blu. Il grano arriva col treno a Rubbia dove i baroni Bianchi hanno il mulino». Carlotta pensò subito alle Ville Bianchi, a Grado…

«Ma cosa si mangiava qui prima della guerra?» chiese curiosa. Madre Pia, che avrà avuto fra i 65 e i 70 anni, le raccontò con minuzia i suoi ricordi.

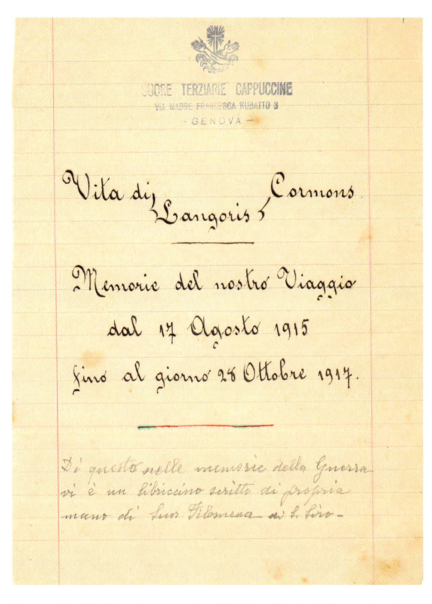

Frontespizio delle Memorie manoscritte delle Suore Terziarie Cappuccine, dal 17 agosto 1915 al 28 ottobre 1917.

«Nel Collio la popolazione si nutriva di polenta e di pane, la maggior parte del quale viene ancor oggi cucinato da pistori goriziani o cormonesi. Le frutta servono anche alla preparazione di dolci, come hai scoperto prima, ed è ricercata anche la castagna. Da tutti venivano coltivate la patate che servivano per i bisogni di famiglia, al pari del fagiuolo, dell'orzo e del frumento grosso, che chiamiamo *Polkua*. Le famiglie più agiate hanno tutte il maiale, condimento indispensabile della nostra minestra, una zuppa d'orzo con fagioli, nonché per la "Soppa Crovata", zuppa con pane, che sono i cibi sani e prediletti delle nostre colline. La festa di Pasqua si passa bevendo il "Moro", sempre accompagnato dalla Gubana, dalla Pinza, dalla Fujaza e dal "Parsut todesk". L'uovo viene mangiato colla Latucca e con l'ardelut».

Copertina del libro della marchesa Eta Polesini, nata Fischer de Nagy-Szalatnya.

L'alimentazione era stata descritta anche da un medico nel 1781, Antonio Musnig, nella sua opera "Clima Goritiense", scritta in latino. Carlotta aveva studiato questa lingua morta, che le ravvivava le serate traducendo. Il testo suonava pressappoco così: "Gli abitanti dei colli si sostentano con farinata acquosa, pane nero, frutta di stagione, verdure, legumi, poco pane e molto vino (...) gli abitanti della pianura si cibano di legumi, verdure, polenta, che è farinata dura condita con sale e burro o lardo, pane e vino". In un'altra pagina si legge che c'erano viti, vigneti e oliveti, alberi da frutta: "di questa fertilità godono i colli detti del Collio, con molti villaggi fra cui la città di Cormons, in cui si trovano bellissime case nobiliari, il convento dei padri Cappuccini, l'ospizio dei Domenicani (...) si produce moltissimo e ottimo vino bianco, ogni genere di frutta di stagione, pere, ciliegie, mele, pesche, albicocche, fichi, mandorle".

Ma nella villa c'erano anche alcuni inventari, le cosiddette "ventilazioni", con i beni rientranti nelle eredità dei ricchi defunti. Molto interessanti. Da quella redatta nel 1761, dopo la scomparsa di Lorenzo Antonio Locatelli, che abitava a Gradisca, ma con possedimenti a Mossa e a Vipulzano, trovò questo:

Argenteria:
4 Cuchiarj, due forchete e due manichi di Cortelo
4 Cuchiareti per il Cafè senza brocca
Porcelana
34 Fondi
3 Chichere con fondelli
1 Scodella
4 Piatelli e una chicchera
10 Chiccere con Suoi Piatelli et una zucheriera con suo coperchio di Porcelana di Sassonia
2 Scodelle

Inoltre:
Formento, orzo bianco, orzo negro, Fava nostrana, Fava di Chiapovan, Lenti negri (lenticchie nere n.d.A.), Lenti rosso (lenticchie rosse n.d.A.)

Chi avrebbe mai pensato che lì si coltivassero diversi tipi di orzo, di fave e di lenticchie?! Poi, sfogliando l'inventario dei beni di Giacomo Locatelli, del 1796, lesse:

5 Tovaglie e tovaglioli di Fiandra per 12 persone
Tovaglie e tovaglioli di persone 18
6 dette fini lavorate in casa
14 dette di Germania
2 tovaglie soprafine
16 tovaglie fine lavorate in Casa

In effetti di Cucina
12 Cazarole di Rame
1 Pignata di Rame
1 Caldaja
3 Frissore (padelle)

1 Coppo di rame (il coppo era un coperchio per la cottura alla brace n.d.A.)
2 Coppi di ferro
1 Lastra di Rame
1 Capezale di ferro
1 Catenazzo
Palla molette tirabronze

In Argenteria
1 Busta Posate per 12 persone con i coppi ed 1 cucchiaio grande
2 Cocome da caffè
2 Sottocoppe
4 Candellieri
12 Cucchiai piccolo da Caffè

Dall'inventario, infine, di Francesco Antonio, del 1802:
una Gratola (una graticola)
un Girarosto vecchio
un Cattenazzo da fuoco
un Capezzale da fuoco di fero

Emergeva la grande diffusione del caffè in casa già nel '700, il sistema di cucinare sotto la brace, ma anche sulla griglia, con il girarrosto nel camino, nonché l'uso di friggere in padella. Forse il pesce. Una cosa era sicura: apprezzavano di più l'olio istriano che quello locale.

Dalle lettere di Michele Locatelli al cognato Gian Paolo Polesini, scopriamo che si faceva mandare l'olio dall'Istria, nel dicembre 1863. Anzi, gli chiede persino di far costruire una botte a Parenzo e di mandargli l'olio in gennaio.

Ingolosita da tutte queste informazioni, Carlotta si trascrive le ricette che più le piacevano e per prima quella che piaceva all'amico soldato cacciatore.

LEPRE ALLA CACCIATORA (BUONO IN TECHIA)

Si prepara il Lepre il giorno prima levando via le pelli, e poi si lava bene in molta acqua per schiarirlo, poi se lo mette in un Cattino fondo con un bicchier d'Acetto, e tanta acqua che basti per coprirlo, e se lo tiene voltato acciochè prende ben l'Acetto. Si prepari della Salvia, Rosmarino prezzemolo Cipolla Sutiva Mezzorana e si pestano minuti, poi si taglia delle fettine di Lardo si prende un "paio" d'erbe ed una fettina di Lardo e con la punta del Coltello si ferisce e si insinua nel Lepre. Si cucina in Cazzaruola con burro 2 oncie e Lardo due oncie pestato, Oglio sopraffino un poco, mezza Cipolla impilotata con Garofali e Canella. Si cucina addaggio con fuoco soto ed un poco sopra si addopera 3 ore per cuocerlo bene, e che riesce tenero e saporito. A mezza cottura si mette 1/2 bicchiere di Vino Bianco.

ZUPPA DI BECCACCE

Si prendono gli interiori di becacce, prosciutto, prezzemolo, sale e pepe e si pesta tutto assieme minuto. Pane tagliato finetto in forma bislunga 8 pezzi s'inzuppa nel latte, poi si mette il pieno e si copre con altra fettina restano 4. Si cucina nella golosa sotto le Becacce. Si può friggere separato e poi mettere a prendere il succo nella Golosa.

UCCELLI ALLO SPIEDO

Pelate i ucelli e metteteli in sale sventrati e senza secondo la qualità con pepe e sale e copriteli con Oglio finissimo e voltateli di quando in quando, devono rimanere almeno mezz'ora prima di Rostirli. Poi si mettono allo spiedo con una fettina di Lardo e foglia di Salvia per ogni Ucello. Si cucinano al forno mettendo sotto un lato di cenere infuocata e bragge, e le bagna in lungo come la lunghezza dello spiedo, e se li bagna di quando in quando con l'Oglio. Se sono piccoli si cucinano prestissimo appena quasi, che restano bene ferme le teste. Si prepara del Lardo involto in carta e se lo infila sopra la forchetta grande e si dà fuoco e del Lardo. Per uno spiedo grande si adopera 2 oncie Lardo.

GUBANA BUONA FRANCESCA LOCATELLI

Farina Mutmel 1/2 funto Burro freschissimo 1/2 quarto Uova 1. Vino bianco 2 diti di bicchiere oppure metà acqua e metà Vino sale si forma la pasta mescolando finché forma buffole. Pieno. Cocole funti 1. Zucchero biondo 1/2 funto Canella per 2 soldi 1 Limone grattato, Uva Spagna 1/4 funto Mielle buono per due diti abbondanti di bicchiere, Uova 2 intieri con sale, burro 1/4 si tiene un poco per ungere la Cazzaruola. Preparata la pasta; prima se la bagna col Uovo poi il pistum ben preparato, indi il Miele poi il burro a piccoli pezzetti. Si forma la gubana e si cuoce nel forno sopra il Bandon, o Cazzaruola.

Si unge sopra col Uovo se piace darle colore, oppure si lascia al naturale.

DEI TARTUFFI

I Tartuffi vengono messi in acqua frsca e poi puliti con una spazzola delle terra che si trova nelle increspature della pelle. Talvolta si fanno bollire con Vino tornando poi a spazzolarle. Essendo che la pelle dei Tartuffi contiene un ottimo gusto, si può metterla a cuocere nelle salse destinate ad essere passate oltre il setaccio.

Si servono per pietanze chiare e senza acido, vengono, dopo pelati tagliati a fette sottilissime, soffritti con del Burro e sale indi aggiunti ancora caldi alla pietanza. Per salsa scura si mettono tagliati per alcune ore nel Vino, oppure si cuociono assieme a questo.

SENAPE COL VINO BIANCO

Zucchero 1 libre, senape finissima libre 1. Vino bianco 1. littri buono. Si sbatte bene in fiasca tutto assieme, e si mette una cipolla fornita con brocche fi garofali, e si lascia in fusione 48 ore.

Si mette in un Cattino fondo, poi si fa arroventare un Anima di ferro da stirare grande, e dopo d'aver ben mescolata si appende l'Anima arroventata mediante di un filo di ferro, e si lascia bollire finché l'Anima è quasi fredda. Si deve osservarfe che sia ben cotta.

Poi si mescola bene tutto e si mette in piccole fiaschette, e si chiude con Surro e Ceralacca. Si lascia per qualche tempo prima di addoperarla. Riesce più buona.

Quasi vent'anni dopo, Carlotta, sposata e regina della sua casa, acquisterà un utile libretto di cucina dal titolo "Cosa preparo per i miei ospiti?", nel quale i consigli spaziavano dai dolci per il the agli antipasti e alle salse, da carni e pesci alle minestre. L'autrice era Eta Polesini. "Che abbia rubato qualche ricetta dalla famiglia della suocera?" pensò con malizia.

XII

AGRICOLTURA

"Qui abbiamo avuto fin'ora bellissimo tempo, se mai durerebbe tutto l'anno onde terminare quella quantità di lavori campestri principiati", scriveva nel 1860 Michele Locatelli al cognato Polesini.

«Novali, Angoris, Borgnano, Villanova e Monticello non significavano solo viticoltura, ma anche altri settori della produzione rurale. *Agriculture di sussistence*([6])...» spiegò il vecchio Domenico, il *fatôr Meni*. Con il volto rugoso sembrava più in là con gli anni, ma non lo era nemmeno tanto: quanto bastava per non essere richiamato in guerra nell'esercito austro-ungarico.

Molte sono le descrizioni di Cormons, conservate nella biblioteca, a partire dall'*Operato* del 1830. L'assetto della zona, però, sarà modificato nel 1846 con la sistemazione territoriale: Cormons, con Borgnano, Langoris e Povia, misurava 4.553 jugeri e 4 decimi. "I campi arabili nudi si distribuivano in pianura, in direzione occidentale, così come i campi arabili vitati. I vigneti, invece, si collocavano intorno agli abitati, come ancor oggi si può osservare, e sui ronchi dei colli". Già a quel tempo si poneva l'attenzione sulla qualità dei terreni, sulla loro natura geologica e sulla fertilità.

Come scrive Giuseppe Domenico Della Bona, il patrimonio zootecnico consisteva in bovi, vacche, vitelli, asinelli e cavalli. Non mancavano galline, anatre, oche e tacchini, nonché conigli. Interessante è anche la distribuzione delle colture, con 341 jugeri di vigneto collinare, 26 jugeri di campi arativi e ben 2.477 di campi vitati, cioè dove i vigneti erano associati a cereali. Quali cereali?

([6]) Agricoltura di sussistenza.

Il mercato delle ciliegie a Cormons, piazza Locatelli, inizio '900.

Frumento, granoturco, avena, miglio, segale, orzo, saggina... poi lenticchie, fave, fagioli, e cavoli, rape...

Fra le carte dell'archivio c'è anche un testamento, quello di Antonio Locatelli del 1675. Carlotta lo apre e, con un po' di difficoltà per la grafia del tempo, lo legge: agli eredi lasciava la casa dominicale di Borgnano con cantina, diverse libbre di oglio, il *prado* di Borgnano, la vigna, il *prado* del Monticello e il follatoio. Un'altra pergamena antica, datata 1694, cita *pietre dell'oglio*. Forse c'era un frantoio per la spremitura delle olive.

Per alcune annate è riportata, infatti, anche la produzione di olio d'oliva. La coltivazione di viti ed alberi da frutto od olivi era, infatti, promiscua. L'olio delle colline e della pianura era molto apprezzato. Il pane con l'olio era considerato il tipo di pane più raffinato che si producesse a Cormons. A proposito di questo prodotto, il genero di Cecilia Locatelli, scriveva che nel Collio l'Olivo darebbe bel prodotto come lo dava per il passato, quando il ramo stesso non fosse commerciabile con lucro nella stagione quaresimale ove, stretto in grossi fasci, viene portato dalle contadine nella Carintia, nella Carniola od a Trieste. (...) Il prodotto annuo si calcola a 3.000 libbre di Oglio squisitissimo. Annate dannose per gli olivi goriziani furono: 1709, 1763, 1849 e 1850.

Nel 1710 Francesco Locatelli acquista terreni da Mattia Strassoldo nei pressi di Borgnano. Dalle stime di queste terre risultano quasi 1.600 viti sposate ad alberi grandi e alberi giovani, pioppi e salici, oltre a 288 viti da sole. Al 1741 risale una stima delle proprietà di Marianna Pianese Locatelli "nelli Novali situati nel distretto della terra di Cormons" dalla quale si desume il sistema di coltivazione della vite, spesso sposata ad alberi da frutto "susinari... perari... ceresari... pomari... nogari" altre volte piantata da sola. «Sposata?» Sì, sta scritto proprio così. Un matrimonio veramente fecondo, pensava Carlotta, cimentandosi nella cucina di Langoris.

Il Settecento è il secolo delle rivoluzioni e dell'Illuminismo e a Gorizia nascono l'Arcadia Romano Sonziaca e la prestigiosa Società agraria che proseguirà la sua attività fino alla Grande Guerra. Dopo la prima seduta, tenutasi il 27 agosto 1765, entrò nel sodalizio anche il barone Giacomo Locatelli. Nella biblioteca della villa si conservavano tantissimi numeri del periodico *Atti e Memorie,* con articoli che saranno di aiuto anche a Langoris, dove nella prima metà di quel secolo viene costruita la villa. Poco dopo la sua fondazione, la Società Agraria promise "fiorini 4 per ogni 25 olivari piantati". Nel 1769 pubblicò il trattato *Sulle piante oleifere* e la *Memoria teorico-pratica dell'olivo*, molti anni dopo.

Nel periodo napoleonico è l'intendente alle finanze, barone Bepo Kircher, a descrivere la produzione di quello che si chiamava

"Coglio, come chi dicesse una Catena, od un complesso di Colli. (...) Il maggiore anzi l'unico prodotto è quello de' Vini bianchi ricercatissimi dalla Germania, alla quale si vendono a gran denaro contante (...) L'Articolo però in che abbonda questo Territorio è quello della frutta d'ogni specie".

Datato 15 gennaio 1819 è il "Recorso contro la Co(ntessa) Locatelli / I proprietari di alcuni terreni sottoscrivono il ricorso con-

Pirro Locatelli de Hagenauer.

tro la signora Cecilia vedova Locatelli per aver fatto erigere un argine lungo la strada che conduce a Monticello". In calce le firme autografe di tutti i proprietari ricorrenti.

Non è da dimenticare che a metà del XIX secolo a Cormons c'erano ben 18 filande di seta e 1 filatoio, alle quali si aggiungevano 2 filande e una fornace a Borgnano. Un'attività che aveva impegnato i Locatelli quando erano ancora a Gradisca. In quella cittadina, dopo le cosiddette Guerre Gradiscane e le seguenti trattative diplomatiche, a cui non fu affatto estraneo Ortensio Locatelli, era stato costituito un Principato in mano agli Eggenberg che sarebbe durato dal 1647 al 1717. Un periodo in cui fu data vita al Monte di Pietà e all'industria serica. Questo significò gelsicoltura, bachicoltura, essicatoi, filande...

Nel '700 si arrivava così alla fine di novembre o addirittura agli inizi di dicembre, momento in cui la gran parte dei mercanti aveva terminato gli acquisti o comunque disponeva di abbondante materiale per lavorare e poteva così tirare sul prezzo. Samuel Morpurgo lamentò un danno di 200 fiorini, Mario Morpurgo di 400, Elia Morpurgo di 240, mentre Lorenzo Antonio Locatelli che acquistava seta greggia per gli "amici forestieri" ci rimise ben 3.000 fiorini. Ma era proprio questo l'obiettivo delle norme governative: spezzare i rapporti di dipendenza con l'estero e rendere la regione autosufficiente dal punto di vista produttivo. Le proteste furono immediate: alcuni bachicoltori gradiscani preferirono dar fuoco a graticci e bozzoli, piuttosto che vendere!

Nel 1826 il socio della Società Agraria "sig. Cavaliere Giorgio Locatelli di Cormons presentò un circostanziato rapporto sul metodo che si segue nel governo dei bachi da seta (...)". Nel 1864 il figlio lamenta, in una lettera, che "il raccolto dei bozzoli è meschino, perciò l'affare di comprare galetti è cattivo, essendo i prezzi molto alti".

"Che belli i vestiti di seta!!" pensava Carlotta, lavando con la lisciva di cenere i suoi abiti, miseri, che avevano l'insopportabile odore della morte. «Per evitare il colera – le avevano spiegato gli ufficiali medici – è importante lavare tutto, evitare sostanze inquinate dai germi, il pane deve essere arroventato, i cibi ben cotti, bisogna bere acqua minerale, usare posate bollite, avere le mani disinfettate a dovere...» L'acqua era fondamentale, ma non sempre era facile procurarsela in quantità. Il pozzo vicino alla villa ne era ricco, per fortuna. Per troppa acqua, nel 1728 Lorenzo Antonio Locatelli viene incaricato di occuparsi "del riparo delli Torrenti Lisonzo e Torre".

Acqua per l'agricoltura, non solo vino! Ed ecco i *Besitzer*[7] di Angoris fra i pionieri dell'irrigazione. Sì, il 29 dicembre 1873, nell'adunanza della Società Agraria, Giuseppe Ferdinando del Torre proponeva di studiare l'irrigazione di tutta la pianura goriziana. È deliberata la nomina di un Comitato di cinque membri. Il 9 marzo 1874 si decideva di nominarne invece sette, fra cui il barone Michele Locatelli di Cormons. L'associazione agraria friulana deliberava di prendere parte agli studi delegando il dottor Gio Batta Locatelli, ingegnere municipale a Udine. Del Comizio agrario di Cormons faceva parte anche il barone Carlo Locatelli che abitava a Udine. Sempre lo stesso anno, 1874, si parla dell'allevamento bovino:

> "furono trovati degni di premio in primo luogo tra i Buoi da lavoro una coppia di buoi del Bar. Michele Locatelli di Cormons di razza incrociata paesana con toro di Merano (...) ma questi Signori rinunziarono generosamente ai premi, affinché questi si devolvino a villici".

Sfogliando periodici dell'800, accanto alle belle notizie, però, emergono anche quelle che si possono definire veramente drammatiche. La grande piaga dell'emigrazione, una "malattia che si sviluppò alla fine dell'anno 1877". A Cormons erano i nullatenenti a emigrare in America. In un anno, nel Distretto di Cormons, su 17.395 abitanti se ne andarono 42 famiglie, per un totale di 269 persone. A cui possiamo aggiungere le 4 famiglie di Mariano, con altri 23 individui. C'erano dei veri e propri arruolatori "che eccitavano i contadini ad emigrare in America". Il capitano distrettuale esortò i Podestà a non rilasciare i nulla osta e ad accertarsi che "gli espatrianti abbiano pienamente aggiustate le cose coi loro padroni delle

---

[7] Proprietari.

Prospetto

dimostrante i prezzi medii, la quantità e la qualità di galletta pesata alla pesa pubblica nell'anno 1869.

Epoca	Funti	Importo ricavato		Qualità							Annotazioni	
				Nostrana ed al ra corrispondente		Giapponese,				Polivoltina ed inferiore		
						ANNUALE						
						verde		bianca				
		fi.	s.	fi.	s.	fi.	s.	fi.	s.	fi.	s.	
dal 31 Magg. al 5 giug.	12928	15619	50	1	78 1/3	1	36 1/6	1	19 5/6	—	89 1/6	Le qualità si distinguono nel modo seguente: Nostrana ed altra corrispondente fi. 85315, Giapponese verde annu " 115580, bianca " 9624, Polivoltina ed altra infer. " 22151, 235448
„ 6 giu. „ 10 „	64137	89750	92	1	91 1/2	1	54 3/5	1	17 1/2	—	86 2/5	
„ 11 „ „ 15 „	70444	114042	92	1	99 1/5	1	59 1/2	1	17 2/3	—	67 1/5	
„ 16 „ „ 20 „	41769	69227	29	1	95 1/4	1	43	1	18	—	70 4/5	
„ 21 „ „ 25 „	26867	44628	41	1	80 1/5	1	38 3/5	1	10	—	64 1/5	
„ 25 „ „ 1 lugl.	10303	18366	82	1	78 1/3	1	41 1/2	—	—	—	—	
Somma	224448	351625	86									

Nel 1868 si vendettero al mercato di Gorizia 130,000 libbre, delle quali 60,000 erano galletta nostrana; il prezzo medio ne importava fl. 1·90 per libbra di bozzoli nostrani, e 1·52 per i giapponesi verdi annuali.

Tabella con quantità e prezzi delle gallette, ovvero i bozzoli dei bachi da seta, nel Goriziano. 1868-1869.

colonìe". Ma molti sforzi furono inutili. Luigi Talotti di Campoformido, in provincia di Udine, presso il quale si erano già iscritte varie famiglie del Collio e del circuito di Gradisca, era stato denunziato quale arruolatore alla competente autorità, ma senza alcun risultato. In quello che veniva definito il *Friuli d'oltre Judri* e d'oltre Isonzo la voglia di andare in Argentina fu più grande di quanto sembrasse l'anno precedente

> ... Seguita la partenza di questi primi coloni, la mania di emigrare sembrò calmarsi per qualche tempo. Ma dopo le traversie subite dall'agricoltura in primavera e nell'estate, dopo le ripetute grandini che devastarono un vastissimo tratto di territorio nel distretto politico di Gradisca, distruggendo le messi e sterilizzando per più anni le viti e gli alberi da frutto, la febbre della emigrazione si riaccese più viva di prima e assunse proporzioni e carattere sì allarmanti da inspirare le più gravi apprensioni in chi non ignora la perfetta solidarietà esistente fra la prosperità dell'agricoltura e il benessere delle classi lavoratrici.
>
> Fra una settantina circa di famiglie di emigranti inscritte recentemente per passare nell'Argentina, se ne contano non meno di 42 costituite da coloni che diedero appena in questi ultimi giorni dell'ottobre la verbale loro disdetta ai

proprietari, abbandonando inaspettatamente le rispettive colonie in prossimità del S. Martino, vale a dire in un momento in cui non è più possibile trovare buoni coltivatori cui riaffittarle per l'imminente anno rurale.

Fra questi "proprietari cui toccò o è in procinto di toccare tale brutto giuoco", troviamo anche il barone Locatelli, come emerge da un articolo di fine novembre 1878. Insieme a lui molti altri possidenti confinanti: la chiesa di Cormons, i Cumano, i cugini de Colombicchio e il cognato conte Strassoldo.

> Analoghi lamenti *per il capriccioso abbandono, spesso improvviso ed estemporaneo delle terre da parte del colono*, giungono in questi giorni dalla limitrofa provincia di Udine.

Si diffusero anche malattie come la pellagra e, in alcune zone, la malaria. Oltre a nuovi problemi: il vigneto aveva colonizzato rapidamente le frange collinari più basse, in tutto il Collio, dove prevaleva il sistema delle affittanze coloniche. La situazione economica di stava aggravando, la famiglia colonica non riusciva a far fronte agli obblighi. Nel Collio fu decurtata la quota da metà a 1/3 o 2/5. Sotto la spinta del malessere crescente nelle campagne partì l'iniziativa per una riforma del patto colonico, a cura dei deputati monsignor Luigi Faidutti e Giuseppe Bugatto nel 1907. Contradizioni e interessi, conflitti tra partito cattolico e partito liberale, vennero pian piano alla luce.

Il barone Locatelli, grande proprietario terriero e più volte deputato a Vienna e alla Dieta di Gorizia, era componente del comitato di proprietari costituito nel 1910 con l'obiettivo di impedire la legge di riforma dei patti colonici progettata dal Governo.

Dopo la Grande Guerra a dirigere l'azienda di Angoris fu Romolo Valentini. Originario di Perugia, giunto a Cormons come soldato del Genio telegrafisti, vi resta come amministratore della tenuta. Nel 1928 diviene membro del direttorio provinciale del sindacato Impiegati Aziende Agricole e Forestali.

In quegli anni è Pirro Locatelli de Hagenauer ad esserne proprietario, assieme alla moglie, e si butta a capofitto nell'agricoltura. Nel 1934 è contemporaneamente Presidente del Consorzio di bonifica del Preval, del Comitato provinciale per l'irrigazione del Consorzio per la viticoltura, vicepresidente della cattedra ambulan-

Frontespizio della pubblicazione di Alvise Comel L'agro goriziano, *1926.*

te d'agricoltura, membro della Commissione per la propaganda granaria e del Consiglio della Federazione degli agricoltori. È anche al vertice del Consorzio fra i tenutari di stazioni da monta taurina. Come già nel 1893, di nuovo risalta l'allevamento di bovini. Ne è prova, tempo dopo, un articolo apparso sulla *Rivista di zootecnia: rassegna mensile di scienza e pratica zootecnica*, nel 1959, in cui si legge che sono stati "notati ed apprezzati i soggetti di razza «pezzata rossa» di varie aziende agricole, fra cui la S.A.T.C.A. dei conti Miani di Angoris – Cormons (Gorizia)".

Sui terreni e sulla vocazione agricola di Angoris si trovano gli interessanti studi di Alvise Comel, pubblicati dal 1933 al 1937:

> "La depressione a nord dell'anticlinale di Medea, riempita dalle alluvioni ghiaiose del Quaternario, fu soggetta in precedenza ad intense azioni erosive, donde la formazione di alcuni rilievi che ora emergono dalla pianura. Tali sono, per esempio, i colli di Langòris, Pecol de Lupi (...) una trivellazione eseguita dalla Cattedra Ambulante d'Agricoltura nei pressi di Villa Langòris, ha trovato il substrato roccioso a solamente 19 m sotto il suolo".

A *Langòris*, come scriveva il professor Comel, effettuano assieme al dottor Francovig una trivellazione che arriva alla profondità di ben 152,33 metri, prelevando 23 campionature. Nella vasta tenuta dei Locatelli si trovano anche quei terreni detti "ferretti", ghiaiosi, e a Borgnano persino la terra rossa, nonché altri ghiaioso-argillosi...

XIII

GLI OROLOGI

Quando il barone Formentini decise di acquistare la tenuta di Novali, visitò accuratamente la proprietà. Lo fece con attenzione e osservò aspetti che non aveva assolutamente notato, si accorse di oggetti mai guardati. Sulla facciata laterale della casa esisteva una meridiana. Sembrava avere un paio di secoli, forse più. "Quanti anni a scandire i momenti più importanti, i ritmi della vita agreste!" pensò. Lo stesso sole che aveva favorito il maturare delle uve e delle frutta del Collio, ha spostato la sua ombra sulla parete di "Eulenburg".

Fu la lettura del *Libro universal* a chiarire che era opera di Francesco Locatelli. Precisamente Francesco Benedetto (figlio di Antonio e di Lisetta di Neyhaus, e sposo di Anna Delmestri) si diede allo studio della matematica a Padova e scrisse un trattato degli orologi solari ed uno di astronomia. È monsignor Codelli a tracciarne una prima biografia, anche se con alcuni dati errati, nel suo libro *Gli scrittori friulano-austriaci degli ultimi due secoli* stampato a Gorizia nel 1792:

> LOCATELLI Francesco Benedetto nativo della terra di Cormons (...) si diede intieramente allo studio più difficile, qual è quello delle matematiche, ed in questo ebbe campo di approfittarsi in Padova, laddove compì i suoi studi. (...) diede mano a comporre un trattato degli orologi solari (...) un trattato di geometria e aritmetica (...) Avea principiato a scrivere qualche cosa circa l'astronomia; ma colto dalla morte lasciò imperfetto il suo lavoro.

Ritratto di gentiluomo ignoto conservato a villa Locatelli. Secolo XVIII.

«È in ferro battuto, seicentesco, elegante e possente questo gnomone!» Il fattore, Domenico Godeas, impietrì terrorizzato. «Gnomone? Sapevo delle streghe del Judrio, *sior baròn*, ma degli gnomi, *i guriuts,* no...». Rise di gusto il nuovo proprietario. «Non è un grande nano del bosco, *Barba Meni*! È il nome dell'asta la cui ombra serve a segnare le ore dell'orologio solare, *de l'orloi di soreli*...». Risero assieme. Il nipote di Meni, Alojz Gradnik, qualche decennio più tardi sarebbe diventato il precettore dei numerosi figli di Formentini, oltre che magistrato e poeta.

Ma torniamo a Francesco. Lo zio, il colonnello, non ebbe

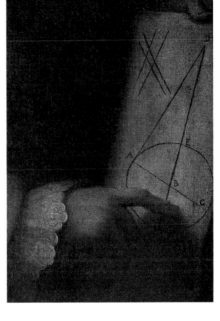

Particolare del progetto di una meridiana.

figli, perciò il nipote divenne l'unico proprietario del palazzo di famiglia a Cormons, situato non lontano dalla chiesa dei Cappuccini. L'edificio, più volte ingrandito nel corso del Seicento, presentava una pianta irregolare. La facciata rivolta sulla strada era caratterizzata da un arco, chiamato allora Portico dei Rivolt, dal nome della famiglia che vi abitava.

L'interesse per la cosmologia e l'astronomia si riflette in alcuni titoli presenti nell'elenco dei libri di Locatelli: *Tractatus de Sphaera* del Sacrobosco, *Teatro del mondo* di Abramo Ortelio, *La sfera del mondo*, *Anatomia celeste*, ma anche in titoli di opere di geografia di carattere più divulgativo. Numerosi libri e qualche accenno nel *Libro universal* riflettono un interesse specifico per la misurazione di quanto nella cosmologia aristotelica, ancora in voga nell'età barocca, era considerato stabile ed incorruttibile: la terra, i cieli, ma anche il tempo. A giudicare dalla sua biblioteca, gli interessi principali erano la matematica, la geometria e la meccanica. Tra i volumi in suo possesso compaiono due edizioni delle opere di Oronzio Fineo, matematico francese del Rinascimento, che si occupò tra l'altro anche di geografia, geometria e cartografia. Tra gli autori di opere di geometria, come il classico Euclide e Francesco Patrici, compare anche il nome di Jean Taisnier, matematico belga che si occupò pure di scienze occulte, come la divinazione, la chiromanzia, la fisionomia e l'astrologia.

Dall'elenco non risulta alcun tomo di astrologia, o forse Francesco ritenne di celare questa sua attrazione per un settore che non era ben visto all'autorità ecclesiastica. La sua passione per l'astrologia emerge però dalle annotazioni riguardanti la nascita dei nipoti, per ciascuno dei quali effettua un accurato calcolo zodiacale sulla posizione dei pianeti al momento della nascita. L'interesse principale, in cui aveva anche raggiunto una certa competenza tecnica, era invece la gnomonica, ossia la costruzione di meridiane, ma anche la fabbricazione di orologi ed altri strumenti scientifici.

Tanti sono i manuali riguardanti la costruzione di orologi, presenti nell'elenco dei libri, e più di un'annotazione del *Libro universal* fa intuire che Locatelli fosse un accurato costruttore di orologi e meridiane, oltre che osservatore empirico della fenomenologia celeste. Così è registrato un acquisto effettuato nel 1692:

> "Comperai a Venezia una sfera d'ottone con tutti li circoli. Io ne feci una, prima che ebbi questa, quale mi serve d'orologio da sole universale e mi serve ancora da fabbricar orologi solari, instrumento da tenir conto poiché a comprarlo valarebbe assai".

Sulla facciata laterale della casa di Novali esisteva, appunto, una delle meridiane eseguite da Locatelli. Nell'archivio dei Coronini di San Pietro, dove i manoscritti erano giunti attraverso la nuora di Locatelli, c'è un unico accenno ad un manoscritto, registrato in un catalogo del 1775. Si tratta di un trattato di gnomonica con il titolo *Fabbrica degli orologi solari*, di cui tuttavia non c'è più traccia.

Francesco aveva anche una proprietà a Borgnano, non distante da Angoris. La tenuta era situata esattamente a Villaorba. Comprendeva la casa padronale con cappella, edifici rurali e ampi terreni. Dalle mappe catastali e relativi elaborati del 1812 risulta ancora di proprietà dei suoi discendenti, sebbene il complesso padronale fosse già da tempo in rovina. Oggi la villa è del tutto scomparsa, mentre si sono conservati alcuni rustici rimaneggiati. Mentre Carlotta era ad Angoris, a Villaorba aveva sede la 76ª squadriglia aerea e pare vi fosse atterrato anche Francesco Baracca! A Villaorba, dagli anni Settanta ci sono le vigne di Pinot nero, quelle del vino dedicato recentemente alla nonna "Albertina", moglie di Giulio Locatelli.

Al piano terra della grande casa di Langoris, nella sala del biliardo, a Carlotta non era sfuggito un bel ritratto maschile. In abito settecentesco, il nobiluomo tiene in mano un foglio con disegni geometrici: un cerchio con le lettere A e C, in corrispondenza dei punti della circonferenza toccati dal diametro, passando per il centro B. Poi due segmenti che, partendo da A e da F, si congiungono in D, esternamente alla circonferenza. Sullo stesso foglio, in alto, ci sono due segmenti paralleli incrociati obliquamente.

Che sia una tavola gnomonica? Che sia il ritratto di Francesco? No, la data 1756 e l'abito creano dei dubbi a Carlotta.

Dubbi che vengono ulteriormente alimentati. «Un simbolo # che sta a indicare la parola *numerus*» secondo una suora. Ma un ferito, saccente ufficiale del Genio, sostiene che «in matematica è usato per indicare la cardinalità di un insieme. Nella teoria dei numeri indica il primoriale...». Si accende uno strano dibattito nell'Ospedale da campo 230, e un terzo, respirando a fatica, afferma: «Nella notazione algebrica denota lo scacco matto».

Misteri... Anche su Padova: non c'è Francesco fra i Locatelli che da Gorizia o Cormons sono andati a studiare all'ateneo di Padova. Carlotta indagò, e in una missiva ai genitori aveva chiesto di fare una ricerca. Ed eccone i nomi:

Zuanne Locatelli, furlan da Cormons, 1695, artista;
Lodovico Locatelli, furlan, 1702;
Antonio Locatelli, foroj. imper., 1705;
Silvo Locatellus, foroj. Imper., 1709;
Lodovico Locatelli, foroj. Imper., 1709;
Lodovico Locatelli, cormonensis, giurista, 1722;
Giulio Antonio Locatelli, foroj. Imper., 1710;
Jacobus Locatelli, filosofia e medicina, 1718;
Bartol. Locatelli, cormonensis, 1721;
Vincenzo Ernesto Locatelli, patricius et nob. provincialis gradiscanus, 1732;
Giovanni M. Antonio Locatelli, Cormons, filosofia e medicina, 1735;

Giovanni M. Locatelli, foro., giurista, 1734;
Giov. Francesco Locatelli, foroj. (fratello del precedente), giurista, 1734

Ma forse il padre di Carlotta non era andato abbastanza indietro nella ricerca. Nel libro di Liruti *Notizie delle vite ed opere scritte da' letterati del Friuli*, era riportata la biografia di Andrea Locatello, "nobile di Gorizia, mentre era scolare in Padova fece un poemetto (...)" e pure Bastiano Locatello "nobile di Cormons in Friuli, mentre parimente era scolare in Padova, pose un'Ode Italiana, ed un Epigramma (...)". Quindi il numero dei Locatelli studenti all'Ateneo patavino era ben maggiore!

Nella biblioteca, sopra la mensola di un caminetto, c'era un orologio da tavolo, in bronzo dorato, raffigurante un angioletto che suona la lira. Di un altro orologio, ma non solare, c'era traccia su uno dei due edifici rurali dotati di campana per chiamare gli operai al lavoro, o per avvisarli che potevano lasciare i campi e tornare a casa.

A Langoris, intanto, in quel maledetto 1915, il tempo non era scandito da vendemmie e raccolta di frutta, ma da centinaia di soldati che a casa non sarebbero mai tornati. Uccisi dal colera o da ferite incurabili, venivano sepolti nel cimitero di guerra retrostante la villa. Nell'autunno di quell'anno, in sole 24 ore, si arrivò a 94 morti.

Tempus edax rerum!

XIV

MATRIMONI E DOTI

Non è chiaro se fu un matrimonio d'amore o di comodo. Alessandro de Claricini qualcosa confessa nei suoi diari, che speriamo la moglie non abbia mai letto. Ne scrisse molti, sia durante gli anni trascorsi a Vienna per studiare giurisprudenza, sia dopo, tornato a casa e in cerca di un buon partito!

> Speriamo che Cecilia Locatelli porti in dote una bella villa. Il padre è un uomo molto ricco... L'altra giovine mi piace di più, ma chiederò la mano della Locatelli...

Cecilia, nata nel 1827, era la primogenita del barone Giorgio (1796-1862), *Besitzer der Guter Cormons, Angoris und Bornian*[8], e della contessa Ernestina Strassoldo baronessa di Villanova. Non sappiamo con esattezza quali benefici economici abbia avuto dal matrimonio, di certo ebbe il vantaggio – forse inaspettato – di una moglie altrettanto sensibile e arguta quanto lui. In una pagina scritta da studente si legge

> *Maometto*
> Molte mogli accordò l'Arabo scaltro
> Per la ragion che un diavol scaccia l'altro.
>
> L'ubbriachezza fa dolor di testa e appena passato si empie la tazza di nuovo. Così col matrimonio.

[8] Possidente di Cormons, Angoris e Borgnano.

Miniatura raffigurante Cecilia Locatelli.

Miniatura raffigurante Alessandro de Claricini.

Sagace e intelligente, fece una brillante carriera – forse aiutato dalla moglie e dal suocero –, raggiungendo il vertice dell'imperial regio (i.r.) Tribunale distrettuale e della Pretura urbana di Gorizia. Città della quale sarà Podestà (1869-1871), dopo esser stato Direttore dell'aristocratico Casino di società e Presidente della Società Agraria, combattendo le malattie che infestavano la vite e il baco da seta. Durante il suo mandato da Podestà introdusse l'illuminazione a gas e progettò un nuovo acquedotto per la città.

Abituato a parlare in friulano con gli amici, a studiare in tedesco e a scrivere in italiano, de Claricini definì Gorizia "porta fra i popoli" e sé stesso "un italiano attaccatissimo all'Austria", svolgendo il ruolo di conciliatore, difendendo anche il diritto della popolazione slovena all'autonomia linguistica, culturale e politica. Un suo dettagliato manoscritto su *I liberi muratori* ci fa supporre che fosse massone. Stupefacente è una profezia che riporta nel suo diario del 1831, copiata da una lettera dell'amico Deperis.

Ma tutte queste supposizioni vengono chiarite da uno scritto autografo, trovato da Carlotta durante alcuni lavori effettuati nella soffitta della villa, per adattarla ad ospitare le suore Terziarie Cappuccine. Steso con abilità e ironia, *I promessi sposi, dall'autobiografia di Alessandro Claricini*, è un testo nella cui lettura la ragazza si perde...

Nel racconto di Manzoni si hanno due promessi sposi, Renzo e Lucia, qui ne abbiamo tre: Alessandro, Teresa e Cecilia; quello è un romanzo tessuto da mano maestra, questa è storia scritta da penna modesta; gli avvenimenti in quella sono ricchi di assai varie interessanti situazioni, io ho da segnare fatti reali, non così complicati; il romanzo di Manzoni è conosciuto e celebrato da tutto il mondo letterario, la narrazione dell'autore vivrà ella oltre la memoria della prima generazione?

A Farra, villaggio poco distante dalla nostra Gradisca, viveva un dì il barone Leopoldo Molina, già deputato degli Stati provinciali, il quale, non avendo figli, alla sua morte lasciò alla donna di chiave (come si chiamava la guardarobiera, n.d.A.) *Elena Petrovich, l'usufrutto della sua sostanza, mentre questa si devolveva ai suoi eredi legittimi. Fra i quali noi fratelli di primo letto, in successione alla nostra madre Elisabetta de Finetti, lontana sua parente. Esisteva nello stesso villaggio la famiglia dell'avvocato dottor Pitteri di Trie-*

ste, i cui figli, quasi miei coetanei, amanti di musica e di allegria, venivano spesso in contatto con la Petrovich e con una delle sue figlie con lei convivente, suonatrice di pianoforte, ma non dotata di peregrine bellezze. A queste due si univa, per relazione di amichevole vicinato, la famiglia del signor Valentino de Peteani. Viveva in famiglia, oltre la moglie Elisabetta nata Beretta, una nipote di questa, orfana di padre e di madre: la contessina Teresa Beretta, giovanetta attraente di diciassette anni circa. I rapporti che aveva con loro mio padre condussero anche me qualche volta a Farra e mi diedero occasione di entrare in relazioni amichevoli con queste famiglie. Quindi, assieme all'amico Antonio de Stabile, facevo varie volte giterelle in seno all'una o all'altra famiglia, nelle quali eravamo cortesemente invitati e accolti ad ogni festino e in ogni solenne occasione.

Non so se gettai io le prime occhiate alla bella moretta, quale era la Teresina Beretta, o se essa le gettasse a me, o se a caso s'incontrassero le mie con le sue pupille, cosa più probabile. Fatto sta che la Petrovich mi parlava spesso di lei, delle sue doti, della buona impressione da me destata nella fanciulla e negli zii. Così la zia, accortasi di una certa corrispondenza di sentimenti tra me e sua nipote, si mostrò verso di me più affabile e più cortese del solito, mettendo però in mostra una austerità di principi e una soverchia severità di trattamento verso la fanciulla... Ma dice il poeta:

> "E tu non sai, come è fatta la donna?
> Nega, e negando vuol che altri si toglia,
> Fugge, e fuggendo vuol che altri la segua,
> Pugna, e pugnando vuol che altri la vinca"

La provvidenziale zia, nella sollecitudine per la nipote, si sostituiva a lei nella sottile arte. Ossia, a scanso di male interpretazioni, essa più esperta di lei non le lasciava mancare l'appoggio per affezionare maggiormente a sè un giovane che riteneva capace di formare la sua felicità, stuzzicando nello stesso tempo in lei una inclinazione per me, che nel fondo del cuore non era forse bene radicata. Mi si fece intendere che la fanciulla aveva una discreta dote, e che non si rifiuterebbe la sua mano, quando conosciutici meglio a vicenda, ci fossimo tra noi accordati – s'intende sempre a

La baronessa Amalia Locatelli (1835-1914) sposata col marchese Gian Paolo Polesini (1818-1882).

tre passi di distanza. Quindi le mie visite divennero alquanto più frequenti, il linguaggio con la Teresina più confidenziale; a lei fu dato il permesso di scrivermi e di ricevere le mie lettere, e la corrispondenza si fece sempre più espansiva. Chissà quante frasi delle sue lettere siano state aggiunte o cancellate dal caldo sentire di una amorosa zia? ... e se le tenere e focose espressioni scritte di sua mano fossero sincere. Pareva che le cose procedessero **di bene in meglio**, ed io mi ritenevo assicurato del cuore di Teresina; le sue doti morali mi rassicuravano sulla mia futura felicità. Perciò fummo promessi sposi!

Le informazioni che il Tribunale di Gorizia, interpellato da quello di Udine, da cui la mia prescelta compagna doveva ripetere l'adesione al matrimonio, diede sul mio conto erano assai lusinghiere.

D'animo ingenuo e di buona fede, passavo i più beati giorni sui floridissimi campi della fantasia durante l'intera settimana, fino alla domenica, in cui potevo allontanarmi dal mio ufficio per trovarmi assieme alla mia fidanzata nella casa degli zii, ove d'ora in poi ottenni anche il permesso di pernottare. Le prime mie scappate domenicali passarono inosservate al presidente del Tribunale, ma in seguito non mi risparmiò il rimarco "per essere dovere degli ascoltanti presentarsi in ufficio anche nelle giornate di festa, e quindi non doversi nessuno assentare senza suo permesso". Ebbene, gli dissi: "Abbia, signor presidente, la bontà di dispensarmene una volta per sempre, non potendo io trascurare la mia fidanzata che abita fuori di paese". Buon argomento per sedurre un presidente piuttosto severo quale era il Burlo! Egli rispose affabilmente: "Come si fa? Qualche volta può essere necessaria la sua presenza anche nei giorni festivi". "Va bene – aggiunsi – ed io mi troverò ben volentieri al mio posto ogni qual volta il bisogno lo richiederà, o lei, signor presidente, lo desiderasse". Ed egli: "Faremo così, venga da me la sera prima". Quindi il sabato a sera io mi presentavo all'uscio della sua stanza d'ufficio con la frase: "Ha il signor presidente qualche comando per domani?" ed egli mi congedava con le obbligantissime parole: "Grazie, no!"

Io passavo dunque lietissime giornate senza sospetti, senza timori, senza fantasie, ma un dì... era un dì in cui mi aveva preso la voglia di fare una camminata fino a Farra. In quel dì, dunque,

Maria Valeria Locatelli moglie del conte Bernardo de Caboga (Kabužić).

accompagnato dalla più viva immagine di lei, inebriato dall'idea di poterla in brevi istanti rivedere e stringerla al cuore, e fantasticando al sogno di mille aeree combinazioni, giunsi al termine dell'amenissimo passeggio all'ingresso della sua abitazione. Aperto l'uscio con mano tremante per l'emozione, fui da lei ricevuto... con minor trasporto del solito. Una gelida mano mi parve s'impossessasse del mio cuore, restai di marmo. Poco dopo però mi scossi e mi limitai alle cortesie d'uso. Nel corso della giornata, successive spiegazioni, accompagnate da solenni assicurazioni, rattopparono la tacca, ma l'ideale era svanito, i sospetti si eran impossessati dell'animo mio, i dubbi avevano creato dei fantasmi che in un cuor ardente di sincero amore non potevano che destare tumulti e smanie. Le rotture in amore sono spesso ponti verso successi straordinari di conciliazione e pace, ma qui si trattava meno dell'amore che dell'avvenire; onde è che negli interventi successivi fui forte abbastanza per conservare tanta superiorità da dichiarare a Teresina che io riponevo la feli-

cità di un convivio matrimoniale nella reciproca corrispondenza d'affetto, che io mi sarei ritenuto il più misero ed infelice del mondo possedendo una compagna che avesse violentato il suo cuore per appartenermi, che perciò esaminasse bene sé stessa prima di legarsi, lasciandola io pienamente libera del suo cuore.

Non essendo, come dissi, i miei promessi sposi un romanzo, lascio aperte tutte le splendide pitture che si potrebbero fare per mostrare le lotte interne da me sostenute, le risoluzioni prese ed abbandonate, gli incidenti sospesi e rincalzati, i piccoli dissapori amorosi tra noi sussistiti ed appianati nel corso di un tempo piuttosto lungo e agitato. Cosa cuocesse nella pentola, non m'era chiaro, ma dovetti sospettare che cuocesse qualcosa. In un veglione al Teatro sociale di Gorizia, stando io spettatore delle maschere in platea, mi si affacciarono due di queste decorosamente vestite, l'una muta, l'altra loquace. Riconobbi al primo sguardo che la prima era una donna, la seconda un uomo, ma chi fossero, non ne ebbi allora sentore; lo seppi dopo, ma taccio i loro nomi per discrezione. Ebbene, la maschera d'aspetto maschile, apostrofandomi, disse: "Tu non mi conosci, ma io conosco te molto bene; tu hai la promessa sposa a Farra, ma essa non ama te, ama un altro".

In una seconda pentola cuoceva frattanto un altro manicaretto, piuttosto goloso, servitomi qualche tempo dopo sempre dalla signora Petrovich. Un bel giorno, presomi a quattr'occhi, la Petrovich mi disse le seguenti parole:

> Debbo confidarle un segreto, ne faccia l'uso che crederà, senza però compromettermi. Fu da me qualche tempo fa il barone Giorgio Locatelli per affari, e venuto il discorso su di lei, così si espresse: "Mi rincresce assai che quel giovine si sia legato alla contessina Beretta; io ho molta stima di lui, e non avrei esitato ad accordargli una mia figlia in moglie".

Si noti che il Locatelli si avviava già allora verso il milione (di fiorini n.d.A.)! *E che quindi si riteneva avesse delle mire molto più elevate riguardo ai partiti per sua figlia, delle quali le più vecchie, la Cecilia e la Valburga, in educazione nel Collegio degli Angeli in Verona, contavano appena l'una 15 e l'altra 13 anni. Mentirei se dicessi che una tale comunicazione non abbia solleticato il mio amor proprio, essendo io inferiore per posizione, per titoli e per beni* di fortuna. *Tuttavia le mie pene d'amore non mi lasciarono vacillante nella risposta e dissi, sorridendo:*

> Sono grato al barone Locatelli per la buona opinione che nutre per me, ma io non romperei la fede data a Teresina per tutto l'oro del mondo, nè cambierei idea... a meno che da parte sua non venisse provocata una... azione convincente a far troncare la nostra relazione.

La Teresina aveva uno zio, il conte Antonio Beretta, i cui possedimenti, abbelliti da una signorile casa di campagna, giungevano fino a Lauzacco, a poca distanza da Udine. È naturale che io venissi presentato a lui, anzi era un dovere, essendo egli il tutore della nipote a me accordata in sposa. Qui imparai a conoscere un cugino della Teresina... Ah i cugini sono spesso pericolosi! E questo cugino aveva passato negli anni prima, e passava anche all'epoca di cui scrivo, qualche settimana d'autunno presso lo zio, il quale amava avere lì anche la nipote. Dopo la mia visita fatta a Lauzacco, qualcuno mi sussurrò all'orecchio che se il cugino avesse immaginato del mio fidanzamento si sarebbe fatto avanti prima di me con la domanda della sua mano. Questa rivelazione non era certamente atta a tranquillizzare il mio animo, quando io soletto, immerso nei miei pensieri, mi abbandonavo all'avvenire; il mio amore per Teresina era posto a dure prove, la sicurezza nella stabilità e sincerità del suo affetto era in me scossa e nulla poteva ridonarmi la tranquillità perduta. Finché un giorno, passeggiando a braccetto nel giardino della sua abitazione a Farra, io lasciai libero sfogo al mio animo, con tali accenti d'amorosa potenza, da commuoverla a lagrime, a confessioni, a proteste, a giuramenti di costanza e fedeltà. Ma le immagini risvegliate nella mia mente dal teatro di Gorizia e da Lauzacco, dalla maschera e dal cugino, si riproducevano di quando in quando nel sogno e nella veglia. Io divenni sempre più circospetto: ogni passo di lei, ogni suo detto formavano oggetto di particolare mia attenzione, ogni linea dei suoi calorosi scritti, quando ero da lei lontano, ogni espressione del suo volto, quando le ero vicino, venivano da me internamente anatomizzate.

Alla fine, sebbene le cose in apparenza andassero bene e camminassero, io non trovavo l'interna soddisfazione e tranquillità ripromessami dalla sua amorosa relazione. Perciò decisi di ricercare

Matrimonio Locatelli a Cormons. Fine '800.

un mezzo che, dietro la conoscenza del carattere della fidanzata, avrebbe potuto determinarla a qualche decisiva risoluzione. La fanciulla era d'indole buona e devota alla Santissima Vergine, perciò lasciandola libera del suo cuore, le suggerii di recitare per qualche tempo una orazione da me composta (!), con la quale chiedesse l'assistenza divina per decidersi al passo più importante della sua vita, che stava per fare... donando tutta sé stessa e tutti i suoi affetti allo sposo destinatole dai parenti, o si risolvesse di sciogliersi da ogni impegno con lui – cioè con me – ove non si sentisse forte abbastanza per renderlo felice.

La freddissima accoglienza che Teresina mi fece dopo il suo ritorno da Lauzacco, alla fine dell'autunno successivo, bastò a persuadermi che la mia unione con lei non era scritta in cielo. Essa mi fece intendere che non si sentiva capace di rendermi felice. L'amor profondo e sincero che io avevo nutrito per la mia bella mi fece acerbamente sentire questa risoluzione e ne provai straziante dolore, ma sopportai il colpo con rassegnazione, portando con me il conforto d'avere collocato il mio affetto in una persona assolutamente degna della mia stima, la quale non sentendosi forte abbastanza per darsi a me, seppe conservare, di fronte alle insistenti insinuazioni della zia, la propria indipendenza di carattere.

Anche essa conservò di me memoria e stima. Parecchi anni dopo, quando era già moglie del cugino (!), ed io avevo le mie prime figlie, organizzai un incontro (che doveva parer casuale) affinché conoscesse mia moglie e le mie creature. Esclamò: "Se io fossi divenuta sua moglie, egli non avrebbe forse avuto quelle belle bambine!"

Dunque profondamente colpito e addolorato, ma senza rancore, mandai un addio per sempre alla contessina Beretta; e la mia Cecilia tuttora mi burla qualche volta, perché io nell'accesso del dolore per l'avuto congedo avessi pronunciato frasi usate da coloro che per disperazione si seppelliscono in un ritiro.

Dopo quell'epoca non misi più piede a Farra, come se fosse una tomba, in cui giacesse chi mi avesse rubato il cuore e la felicità. Dopo l'idillica soluzione dell'amoroso mio impiccio con la Beretta, non mandai più i miei sospiri al suo indirizzo, e se li trassi al passare qualche volta sulla strada maestra per Versa, dinanzi il filatoio ed il mulino di Farra, non erano sospiri di desio, ma di crudele disinganno. Misi perciò il mio cuore in pace, sopraffatto a tempo in-

determinato dal preconcetto di prender moglie. Con tanta maggiore diligenza mi diedi all'occupazione ed allo studio onde divagarmi; a quest'epoca si datano le mie composizioni drammatiche.

Con la paglia maturano le nespole e col decorso di due anni o poco meno l'educazione della giovinetta Cecilia Locatelli volse al suo fine. Fu condotta dai genitori a Vienna, ove pranzò alla tavola del conte Coronini, ajo di Sua Maestà, in Schoenbrunn. Vidi la fanciulla: un visetto tondo e pieno, una figura piacevole, un contegno riservato e ingenuo... mi piacque. Mi fece ricordare quella certa confidenza fattami dalla Petrovich, tuttavia pensai che non si dovevano precipitare le cose, che il tempo avrebbe portato consiglio, e che frattanto non sarebbe stato male coltivare la famiglia del barone. La baronessa Tacco, alla quale le relazioni di affinità avevano per amici i Claricini, godeva la confidenza della baronessa Ernestina Locatelli, madre di Cecilia. Non era stato quindi difficile essere presentato ai membri della cospicua famiglia ancor prima che Cecilia avesse ritoccato la soglia paterna. Vi fui bene accolto, e trattato con degnevolezza; divenni buon amico del giovine figlio, barone Giovanni, col quale di quando in quando mi incontravo, e passavo qualche mezz'ora assieme a Gorizia. Il solleticante giudizio della mamma Tacco, che la giovinetta Cecilia Locatelli sarebbe ottimo partito per me – queste le sue confidenziali parole – che suo padre intendeva affidare le sorti di sua figlia ad un galantuomo, se anche non ricco, e che io godevo buon concetto presso lui e i suoi, incominciarono a destare in me una lontana speranza nel mio futuro destino, che crebbe a misura che mi vedeva sempre più apprezzato dal barone. Ma nello stesso tempo ebbero anche principio le trepidazioni, le speranze, le agitazioni, a seconda che, or dall'una or dall'altra parte, io venivo informato di ciò che passava nella mente dei genitori della fanciulla.

Ad un tratto mi giunse all'orecchio la voce che la baronessa Locatelli pensava di dare sua figlia in braccio ad un ricco, ma non più giovine: il possidente barone Giovanni Delmestri di Cormons, quello che sposò più tardi la sorella di lei, mia cognata Valburga. Allora conveniva rompere gli indugi, ma come fare? La cosa era delicata ed arrischiata assai, ed a me non stava bene di ricevere un rifiuto che temevo meno, non so il perché, da parte della fanciulla che dai suoi genitori. È pura verità se dico che non sapevo il perché io avessi maggiore fiducia nella ragazza, non avendo essa mai lasciato travedere le sue simpatie. Non uno sguardo, non una espressione, non un gesto erano partiti da quell'occhio vivace, da quelle labbra composte, da quell'abito nobile e severo che mi avessero potuto lusingare. Solo il rossore che le saliva in volto, e le risposte ingenue che dava quando interrogata da qualcuno sopra certi argomenti, mi facevano scorgere in lei un animo incorrotto, un cuore ben fatto, un sentimento non comune, un assieme che per legge di natura io giudicavo dovesse armonizzarsi col mio modo di vedere e di sentire. A fare l'indovino mi costringeva la madre, dama di principi austeri, di carattere risoluto, e di animo geloso, che teneva sua figlia in soggezione tale da temer di fiutare la presenza di una figura maschile. Basti il dire che nemmeno come fidanzato potei avere con Cecilia un colloquio a quattro occhi, con lei che mi dava del Lei ancora due settimane dopo il nostro matrimonio.

Ma ripigliamo il filo interrotto. Conveniva rompere gli indugi, e mi feci coraggio. "Farai le belle alla madre, se vorrai avere la figlia", così canta un proverbio, ma nel mio caso due scogli attraversarono la via, l'uno che io non avevo studiato l'arte del finto cortigiano, l'altro che la baronessa Locatelli non era accessibile da quel lato. Presi dunque un'altra strada, come quella della più probabile riuscita per accostarmi alla fortezza, partendo dalle confidenze fattemi dalla Petrovich. Mi rivolsi dunque all'ottimo mio protettore de Riccabona, nel frattempo promosso a Consigliere d'Appello in Klagenfurt, esponendogli candidamente ogni cosa e pregandolo di un suo consiglio. Lascio immaginare se non mi palpitasse il cuore, e non mi tremasse la mano a comporre, emendare e trascrivere la lettera, e se non sospirassi con impazienza la risposta, fattasi attendere qualche settimana. Venne alla fine il desiato scritto, ed in esso era rinchiuso un secondo foglio sotto sigillo volante, diretto al suo amico barone Giorgio Locatelli, che a mio riguardo si esprimeva molto positivamente.

Probabilmente io avrei fatto una figura da scolaretto nel presentarmi a Langoris con quella lettera, di cui m'era noto il contenuto, perciò fattomi timido, la chiusi e gliela spedii con mia accompagnatoria. Il barone Locatelli mi rispose cortesemente in termini dai quali credetti rilevare non essergli stata male accetta la lettera del Riccabona.

Ecco spuntato un fiore nel bel giardino delle rosee mie speranze! Ma io ero ancora molto lontano dal ritenermi sicuro nelle mie aspirazioni, e conveniva lasciare al tempo maturare la frutta, poiché la fanciulla era troppo giovane ed una mia promozione era collocata in prospettiva ancora troppo lontana, onde presentare ad una sposa un titolo che contasse qualcosa di più di quello di ascoltante gratuito. Intanto il tenore della lettera del Riccabona era stato dal padre comunicato a Cecilia, e questa si era mostrata propensa per la mia persona. Quale senso abbiano fatto sul suo animo le insinuazioni paterne, l'ingenua fanciulla non osava palesarlo ad alcuno, e meno che meno a sua madre che chiudeva l'orecchio al mio nome. Ma quando essa venne resa attenta ad un altro partito, a quello del barone Francesco Steffaneo, col quale io mi ero accidentalmente trovato a far visita alle due dame nel loro passeggero alloggio in Gorizia, si tradì involontariamente con le parole: "Cosa direbbe Claricini?" Ah povera incauta! Non avesse mai detto ciò! Una infuriata di epiteti le caddero sulla nuca, ed una ceffatina tinse di rosso le sue guance, quasi fosse stata colta nel delitto tremendo di lasciarsi accalappiare da qualche mia parola.

La timida e sensibile fanciulla dovette quindi tenere rinchiusi nel cuore i suoi segreti, ed a me mancavano occasioni per venirli a scoprire e per conoscere come stessi nelle sue grazie. Per raggiungere lo scopo sarebbe stato molto incauto ricorrere ai mezzi strategici delle letterine segrete, delle portavoci femminili e dei modi spasimanti. Arti queste che su Cecilia, come al primo sguardo me ne ero convinto, non avrebbero fatto breccia ma, al contrario, l'avrebbero maggiormente imbarazzata, e forse anche disgustata. Era quindi prudenza e necessità di navigare secondo il vento, e di affrontare qualche burraschetta con pazienza, rassegnazione e coraggio.

Nessun accidente particolare da parte mia segnalava il pericolo di tempo seguito a quelle prime manifestazioni, intanto che Cecilia veniva quasi posta all'incanto al miglior offerente, era perciò condannata a sostenere dure lotte nell'oltraggiato amor proprio. Il barone Delmestri, un gentiluomo di oltre 40 anni, dichiarava che non avrebbe "battuto un chiodo nel muro, né comprata una sedia, finché non fosse stata elevata la di lei dote ad una certa cifra". Riguardo al barone Steffaneo, non fermo di pronuncia né di gamba, nipote della contessa Marianna Grisoni di Capodistria, la dama generosa che si ridusse a Vienna ad implorare grazia pell'uccisore del proprio figlio in duello, si esigeva che facesse a lui un assegnamento di stabili, a cui essa non aderì. C'era il conte Guglielmo Pace, passero solitario di Tapogliano, che la madre sperava guadagnare per sua figlia, ma anche qui le di lei premure si infransero nello scoglio insuperabile dell'interesse. Una persona confidente mi teneva aggiornato di ciò che mi poteva interessare, onde è che secondo il tenore di tali informazioni vedevo ora farmisi sereno, ora oscuro l'orizzonte, ora accavalcarsi le nubi, ora irradiarsi il sole dei miei sogni.

Affinché maturasse la messe, io tenevo un contegno apparentemente passivo, ma nel mio intimo mi agitava la febbre come di colui che vedendosi da lontano arridere la fortuna è sempre minacciato dal pericolo di vederla svanire. C'era però la Tacco, che non trascurava occasione per encomiare le mie doti e farmi bello agli occhi della ragazza; c'era la contessa Ernestina Thurn, vedova Cipriani, donna di taglio vecchio, amicissima della Locatelli, che di fronte a lei prendeva la calorose mie difese; c'era l'amico dottor Luigi Visini, ascoltante in sussidio del Giudizio di Cormons, che mi descriveva con colori vivaci come un giovane fatto apposta per quella colombella; c'era la colombella stessa che evitava qualunque manifestazione a favore di altri miei competitori, trovando me nel suo intimo preferibile ad essi; c'era infine il padre che le dava consiglio: "Tieniti il Claricini".

Alla potenza di tali forze si piegò finalmente anche la mamma Locatelli, la quale in fondo, seppure vagheggiasse le relazioni con l'alta aristocrazia, aveva principalmente in mira il benessere della figlia, ed era persona che affidando a me le sue sorti non l'avrebbe tradita. Quando dunque Dio volle, fu istruito che le difficoltà e le differenze in famiglia non si aggiravano più intorno la mia persona, ma intorno a cifre e condizioni. Alla fine mi fu comunicata dall'egregio Magistrato de Riccabona la conclusione delle discussioni e deliberazioni del Gran Consiglio di famiglia; ne contai trionfo, mi sentii riamato, sollevato dalle trepidanze di lunghissimi mesi. Quello scritto mi partecipava l'adesione del barone Locatelli ai miei desideri, col patto che io, oltre quanto possedevo di retaggio materno, accresciuto dalla quota ereditata dal barone Molina, ottenessi anche dal mio genitore un assegnamento proporzionato alla sua sostanza, e che il matrimonio dovesse protrarsi a due anni, entro i quali si calcolava avere io ogni probabilità di essere promosso in carica. La questione d'interesse pareva ordinata, ma siccome non ogni viaggio per mare riesce a buon fine senza dover sostenere qualche burrasca, così io navigavo ancora, e sebbene vicino al porto, una piccola tempesta mi fece ritardare per qualche tempo l'approdo. Si dovette far comprendere che la questione della dote non era per me cosa essenziale, ma che la promessa fatta non avrebbe dovuto essere ritirata. Questo temporale scosse più Cecilia che me, avendo essa dovuto subire il colpo di una seconda ceffatina, per avere, un po' stizzita, usato la poco rispettosa espressione: "O lui – ch'ero io – o nessun altro!"

In brevi parole, conclusi i trattati di pace ed alleanza, eccomi fidanzato per la seconda volta, eccomi ravvicinato più strettamente a Cecilia, eccomi abilitato ad entrare con lei in corrispondenza e gentilmente obbligato a discendere e prendere alloggio in famiglia, ogni volta che mi recassi a Cormons e a Langoris. Se per me era questo un avvenimento lietissimo e fortunatissimo che trovava plauso in paese, e destava invidia nel cuore di vari aspiranti più o meno conosciuti, era per mio padre una immensa soddisfazione tanto a riguardo mio, che andavo ad acquistare una donnina bella, ornata di tutte le virtù, con una dote per me cospicua, quanto per il lustro che la mia unione matrimoniale andava ad aggiungere al nome Claricini, entrando grazie a lei in relazioni di affinità e parentela con le prime famiglie del Paese, come i conti Thurn, Coronini e Strasoldo, i baroni Rechbach e altri, con le quali i Locatelli erano legati. L'affetto che mio padre nutriva fino all'ultimo suo respiro per sua nuora era non dissimile di quello che aveva pei propri figli, e l'amore di Cecilia pel suocero non era minore di quello professato pei propri genitori, ed anzi il reciproco affettuoso attaccamento veniva dal fare ingenuo di lei, cui facevano eco l'ilare temperamento ed il corretto contegno di mio padre.

Placidi e lisci correvano dunque i miei giorni di fidanzato, scevri da impetuose emozioni che la mamma della mia Cecilia sapeva con accortezza impedire. Non una volta sola le letterine di Cecilia mi lasciavano freddo e mi facevano più dispetto che piacere per l'offizioso linguaggio in cui erano dettate. Ma conoscendo in quale calamaio era stata tuffata la penna che le aveva scritte, io mi espri-

mevo con pari riservatezza. Mordendomi però le labbra di stizza per non potere liberamente sfogare il mio animo a colei che doveva un dì interiormente appartenermi, che se fossi stato più espansivo, m'avrei attirato l'epiteto di ciarlatano, o per lo meno d'esagerato da chi dirigeva la corrispondenza a me diretta, e si faceva interprete dei miei dispacci. Nel 1843 fui promosso ad attuario criminale presso l'i.r. Tribunale Provinciale di Treviso, e il barone Locatelli, indovinando i miei desideri, ridusse di qualche mese il termine di due anni prefissati al nostro matrimonio, e da questo momento in avanti le lettere che percorrevano la linea postale da Cormons a Treviso e viceversa erano alquanto più sciolte ma egualmente controllate, perciò mancavano di quel gagliardo fuoco che inebria sì altamente due innamorati, e che si avrebbe dovuto attendere da una sposa più libera della mia.

Io d'anni 33, Cecilia di 17, fummo congiunti in matrimonio per mano di Monsignor Codelli nella cappella di casa della famiglia Locatelli a Cormons. Negli anelli benedetti dal sacerdote, sta inciso il fausto giorno 31 agosto 1844, sabato sacro alla Vergine, così prescelto da Cecilia in onore della Madre divina, da lei spesso con fiducia ed espansione d'animo invocata. Nostro padrino fu il conte Giovanni Battista Thurn, padre dell'attuale principessa Teresa Hohenlohe, già i.r. delegato di Venezia. Il conte Michele Strasoldo, zio della sposa, assistette alla sacra cerimonia come secondo testimone. L'emozione degli sposi e dei rispettivi genitori durante l'atto solenne fu grande, e mio padre, per natura assai tenero di cuore, fu veduto asciugarsi di soppiatto una lagrima di tenerezza all'udire suo figlio pronunciare l'irrevocabile sì, ed al vedersi così arricchito di una nuova figlia, quasi un gelsomino raccolto fra i più profumati di una serra fioritissima.

Sebbene fosse servita la mensa con cibi di magro, perché il nostro Don Abbondio di Cormons aveva ritenuta non giustificabile la dispensa dal precetto della chiesa, il convito fu ricco e squisito, con rari pesci dal golfo di Trieste, con tartufi e frutta in ghiaccio, con vini forestieri e confetture fini, accompagnate dalla musica di dilettanti del paese. Magnifici mazzi di fiori della serra di Langoris, e di quella del conte padrino di Sagrado, abbellivano la tavola, coperta di fiandra, argenteria e cristalli con alcune posate d'oro. Servi in guanti e cravatta stavano pronti, ed eran lesti a prestarsi nelle loro funzioni. L'ilarità dei 200 convitati, fra i quali noto due conti Delmestri, il conte Michele Strasoldo, il commissario distrettuale Ostrogovich, il parroco, la contessa Thurn-Cipriani, non era però condivisa dalla sposa, la quale seduta al mio fianco pareva una povera peccatrice piangente. Come prima sotto il candido velo, ora con la veste di un timido agnello, una devota tortorella condotta al sacrificio. Poche parole, qualche tronca risposta obbligata, qualche sforzato sorriso: ecco il suo corredo portato a mensa; ed io per rimbalzo... poche parole, buon appetito, stentata ilarità, abbastanza disinvolto. Oh, bella! La situazione era del tutto nuova per noi! Un intero avvenire stava innanzi a noi, ignoto e incerto, sebbene accompagnato da ottimi auguri. Il frastuono della festa, l'inusitato delle felicitazioni e dei brindisi, l'idea della separazione dalla famiglia: tutto reagiva sull'animo della fanciulla inesperta, e la manteneva in stato di continua agitazione e d'imbarazzo; e sì che la sua scelta era stata libera, che aveva ricevuto la benedizione dei genitori, e che per non imbugiardare lo zio nelle sue previsioni, aveva ripetuto due volte il sì ai piedi dell'altare.

Da ora in poi Alessandro e Cecilia potevano chiamarsi a vicenda "mia cara metà", a dispetto di tante zitellone e di qualche cavaliere errante che avrebbero volentieri sopportato l'incomodo di porsi gli abiti nuziali addosso, onde trovarsi nella nostra invidiabile situazione.

Dopo il pasto, onorato da focosi brindisi, il buon umore della gioventù andò a spegnersi nella danza; verso sera si prese congedo per recarsi a Versa, ove una parte della comitiva ci accompagnò. La gente curiosa del villaggio, raccoltasi sulla via per la quale doveva giungere il festevole corteo, accolse i benvenuti col riverente levar di cappello, con inchini e con dimostrazioni di sincera simpatia, quale ha sempre dimostrato e tuttodì dimostra per la famiglia dei Claricini. Il distacco dai genitori e dal fratello, come era naturale, aveva costato molte lagrime alla sensibile Cecilia, ed aveva profondamente commosso particolarmente suo padre, di cui era la prediletta. Essa perciò, muta e agitata, potè alquanto rimettersi solo alla vista del campanile del villaggio che l'attendeva. La mia casa paterna, allora ampliata con l'appartamento destinato agli sposi, era illuminata a festa, ed una nuova brigata di parenti ed amici ci portarono le loro felicitazioni, non lasciando mancare i sonetti a stampa sopra carta colorata e raso fino, e ci tennero compagnia al rinfresco. A mezza-

notte tutti i lumi erano spenti, tutto erasi fatto muto ed il sonno aveva preso il suo dominio, ma Cecilia sospirava e piangeva ancora.

Così si innestò sull'albero dei Claricini un ramo dei Locatelli per formare un nuovo stipite di numerosa discendenza. Non era diffuso ai miei dì il contrabbando matrimoniale, voglio dire il costume, oggidì generalizzatosi, di volersi quasi sottrarre di soppiatto alle solennità sacra e famigliare usate dagli avi, col battere i tacchi sulla ferrovia per viaggiare verso ignoti Paesi.

Si sarebbe rivelata una unione perfetta. I coniugi avrebbero abitato anche a Pieris. Da dove, nel 1866, durante la guerra d'indipendenza, Cecilia scappò col resto della famiglia, raggiungendo il marito a Gorizia. "Erano stati veduti (come correva voce) degli Italiani a Fiumicello e per attendersi un attacco, il colono Olivo aveva condotto il fieno da noi e lasciato in custodia nostra il suo paio di buoi. Varie famiglie di Pieris hanno consegnato a mia moglie biancheria ed altri oggetti in deposito" scrisse nel diario. A luglio di quell'anno la cognata Maria con la moglie Cecilia erano partite la mattina per Langoris a fare una visita, ma subito dopo il pranzo suonò l'allarme e nel ritornare a Gorizia incontrarono ingombre le strade di truppe che marciavano verso Cormons. Cecilia ricevette una lettera di formale ringraziamento dal Sovrano per "numerosi atti di patriottico sacrifizio".

Nelle cronache del 1866 del giornale triestino *Il Diavoletto* si legge:

> Il sig. barone Locatelli di Cormons offre ricovero e gratuito sostentamento a 6 feriti nel paese di S. Giovanni presso Cormons. La sig.a baronessa Ernestina Locatelli-Strassoldo offre ricovero e sostentamento a 2 feriti.

Già nella precedente guerra, il 21 maggio 1859, assieme alla madre e ad altre nobildonne, aveva costituito un Comitato per raccogliere biancheria per gli ammalati e i feriti dell'i.r. Armata. Cecilia diventerà anche Presidente dell'istituto dei Sordomuti di Gorizia.

La sorella più giovane di Cecilia, Amalia, nata nel 1835, venne chiesta in sposa dal marchese Gian Paolo Polesini, convolando a nozze nel 1858, dopo aver stipulato un meticoloso contratto di matrimonio:

> (...) il nobile padre della sposa Signor Giorgio Barone de Locatelli assegna e consegna al momento allo sposo suo futuro genero, che accetta a titolo di dote, fiorini 20.000, cioè fiorini 18milla in contanti e fiorini due mille in effetti muliebri (...) Li più nominati nobili fratelli Benedetto e Cavaliere Francesco marchesi de Polesini a titolo di controdote assegnano alla futura sposa un importo di fiorini 6.000 (...)

Nel 1862, il 2 luglio, passò a miglior vita Giorgio Locatelli e ci fu l'assalto all'eredità! Uno sposalizio che fu il preludio di un'altra unione tra i Locatelli e i Polesini. Due famiglie simili per ricchezza, ma distanti per idee politiche, tanto che nel carteggio Luciani-Antonini si leggono queste ironiche considerazioni:

> Paolo Polesini III di Parenzo, già Presidente dei Nessuno, e pensa di fare una corsa a Torino. È colla Consorte, una Baronessa Locatelli di Cormons. Ella conoscerà probabilmente i principii politici della Casa Locatelli. Non se ne spaventi. La sposa entrando a Parenzo, in famiglia Polesini fu ribattezzata e fece l'abjura delle vecchie massime. Esso Polesini, colto ed attivo, ha molte relazioni nella region dell'Isonzo, sull'una e sull'altra sponda...

Un'altra sorella, Valburga, sposa il barone Giovanni Delmestri. Ancora un matrimonio con questa famiglia! Odio e amore tra queste schiatte. A fine '600, Felice Locatelli, nell'intento di salvaguardare l'onore della sorella Elisabetta, fu coinvolto in uno scontro con il barone Giovanni Antonio Delmestri e perse la vita in seguito a delle archibugiate, non ancora ventiquattrenne. Suo fratello Giacomo, che in quell'occasione era scampato alla morte, fu ucciso dodici anni dopo dal fratello di Delmestri, il barone Stefano, che intendeva sparare al proprio fratello assassino e non a Locatelli, di cui era amico. Francesco, fratello di Felice e Giacomo, sposò la baronessa Anna Delmestri.

Nella villa di campagna ormai ci si sposa e si nasce: Teresina convola a nozze col barone Filippo von Rechbach i. r. Ciambellano di Corte, il 7 luglio 1888, proprio ad Angoris! D'estate scelgono di partorire lì, perciò Maria Valeria, futura contessa Caboga, nasce ad Angoris il 4 giugno 1870, e pure la sorella Cecilia, futura contessa Caiselli, emette fra i vigneti il primo vagito, il 16 giugno 1877. Farà nascere nella tenuta paterna anche il figlio Michele Caiselli, il 29 giugno 1901.

XV

AQUILEIA e GRADO

La ferrovia era stata proprio una grande invenzione, geniale! Poter prendere il treno da Cormons e andare al mare sembrava impossibile per il barone Locatelli. Era metà luglio, si trovava in villeggiatura ad Angoris, con la famiglia allargata. Alcune sorelle e i cognati, numerosi nipoti più o meno grandi: tutti godevano dell'amenità della vita agreste. La vendemmia si avvicinava e l'occasione per una settimana di riposo era giunta quasi inaspettata. L'invito alla solenne inaugurazione della linea ferroviaria Cervignano-Aquileja-Pontile per Grado: 16 luglio 1910.

«Partiremo da Cormons, andremo a Monfalcone e da lì a Cervignano» comunicò felice alla moglie l'itinerario del seppur breve viaggio. «Tutto con il treno, dobbiamo adeguarci ai tempi. Anche i miei vini e le ciliege del Collio oramai si vendono attraverso la strada ferrata». I più contenti dell'idea furono i nipotini.

Anche se lo zio Giorgio aveva immaginato una settimana di totale riposo, l'entusiasmo del piccolo Michele Caiselli, nato proprio ad Angoris 9 anni prima, lo convinse: «Se la mamma è d'accordo... puoi venire con noi». La sorella Cecilia acconsentì e rimase in campagna; le figlie e gli altri parenti capirono che non era il caso di alzare la mano per farsi invitare.

In pochi giorni tutto fu approntato, la servitù preparò i pesanti bagagli, due bauli pieni di vestiti leggeri adatti alla spiaggia di Grado. Per ridurre l'ingombro, nelle tre cappelliere della baronessa Maria infilarono anche il berretto da sole del bimbo, un buffo costume da bagno a righe e qualche suo giocattolo in legno. Un contadino, che badava alla casa di Aquileia, ricevette l'avviso dal parroco

Maria Boos-Waldeck (1864-1948) con il marito Giorgio Locatelli.

della Basilica e corse a spolverare e a preparare l'accoglienza: il barone, la baronessa e il "piccolo conte" si sarebbero fermati lì una notte o due, al ritorno. A Grado avrebbero invece alloggiato dall'amico Marchesini, nell'omonima villa che si affacciava sulla passeggiata a mare.

Alla partenza del barone da Angoris ci furono grandi saluti, abbracci e richieste di cartoline. Sembrava un distacco penoso, ma in realtà appena la carrozza sparì dalla vista di chi guardava dal piano più alto della villa, il sorriso spuntò sui volti di tutti. Finalmente le varie sorelle e figlie poterono stare vestite scollate e i cognati stapparono qualche bottiglia della riserva: Piccolit 1898, Bordeaux 1887, Tokayer 1905...

Altrettanto si divertiva il piccolo Michele con gli zii. Aveva con sé un modellino di locomotiva che confrontava con quelle grandi e fumose che incontrò a Cormons, poi a Monfalcone e, quindi, a Cervignano. Lì l'accoglienza lo intimidì e allo stesso tempo lo rese orgoglioso. Allo zio, che era podestà di Cormons, era riservato un posto d'onore. La zia apparteneva alla stirpe dei Boos-Waldeck: il fratello era aiutante di campo dell'erede al trono, un cugino vice governatore della Boemia, un terzo era attendente dell'arciduca Eugenio. Erano tutti ossequiosi anche con lui, che accennava degli inchini. Finalmente arrivarono i cugini Strassoldo a salutare e a metterlo a suo agio.

Discorsi, bandiere, medaglie che scintillavano sui petti dei funzionari statali, l'inno suonato dalla banda e, finalmente, uno sbuffo di vapore fece partire il piccolo convoglio. Mezz'ora solamente e furono a Belvedere. I progetti iniziali degli ingegneri Giulio

Dreossi e Giacomo Antonelli prevedevano che la ferrovia si sarebbe dovuta estendere fino a Grado, con la costruzione di un binario su un terrapieno. Ma non fu realizzato. Il collegamento era assicurato da tre grossi motoscafi e da quattro vaporetti della società di navigazione NIB. Trasportavano passeggeri, bagagli, merci e posta sul tratto Grado-Belvedere e Grado-Aquileia e viceversa, completando così la tratta ferroviaria. Gli aquileiesi tentarono inutilmente di far loro concorrenza con il vaporino *Elvira* il quale, dopo qualche viaggio, per un'avaria dovette restare in porto.

Ritratto a carboncino di Giorgio Locatelli (1864-1919).

Ad aspettare la comitiva delle imperial regie autorità, il nuovo podestà di Grado, Domenico Marchesini. Conosceva bene i Locatelli, essendo stato medico condotto e consigliere comunale a Cormons, inoltre nel 1884 aveva sposato, in seconde nozze, la cormonese Amalia de Colombicchio. Andato in pensione, il richiamo della laguna era stato forte. Il fratello Giacomo era stato podestà dell'isola, carica che avevano ricoperto ambedue i nonni. Nel 1909 toccò a lui, al cosiddetto "*Omo Grando*".

Dopo una suggestiva navigata fra *casoni* e *mote*, con folaghe e *masurini* che si alzavano in volo spaventati, si giunse nel porto Mandracchio. Alcuni servi di piazza si occuparono dei bagagli. Una passeggiata fra le calli del centro storico stupirono il piccolo Michele. Agli zii, invece, sembrava di passeggiare a Venezia.

Le giornate erano calde e la bellissima vista che si godeva da Villa Marchesini, verso Trieste e l'Istria, resero la permanenza una vera gita di piacere. Passeggiate sulla spiaggia, visite ai baroni Bianchi, cene a Villa Erica. Una vita mondana inusuale, cui si abituarono subito. La piccola selvaggina da piuma e da pelo padroneggiava il menu, qualche piatto boemo o ungherese lo insaporiva. I vini erano eccellenti e il barone fu felice di vedere le sue etichette di Ribolla e di Riesling in un ristorante. Chiamò il cameriere e le fece portare al tavolo vicino, dove pranzavano il principe Esterházy e il pittore viennese Auchentaller. Dopo una settimana dilettevole, senza alcuna abbronzatura, che non si confaceva alle persone dabbene, si congedarono con una leggera malinconia. Maria e Giorgio Locatelli non erano ancora diventati nonni e la compagnia di Michele li aveva proprio divertiti.

Anche il podestà decise di recarsi con loro ad Aquileia. Al ritorno, presero il treno dal Pontile e in un quarto d'ora furono nell'antica città romana. Scesero e due improvvisati facchini scaricarono *i bagais*(⁹), mentre un calesse caricò i quattro, portandoli a destinazione.

Alcuni decenni prima, il defunto barone Michele aveva acquistato un fabbricato, in piazza del Capitolo, che in parte era stato distrutto da un incendio, che aveva attaccato il fieno. Era avvenuto il 19 novembre 1878, e solo grazie alla prontezza dei pompieri del barone Ritter ed al concorso degli abitanti si evitò il peggio. La cronaca scrisse:

> "La causa di questo disastro è la pericolosa usanza di fumare dei fanciulli, usanza che le autorità e specialmente i genitori dovrebbero impedire".

«Certo! Un'usanza che fa male alla salute di questi ragazzi!» gridò il dottor Marchesini, guardando negli occhi il giovinetto. «Eh sì, parole sante, caro nipotino» gli fece eco Giorgio Locatelli, continuando a raccontare la storia, mentre teneva ancora in mano i giornali di trent'anni prima. «Mio padre aveva comprato dai signori Blason un terreno che prima era di Antonio Doto, detto *braida al muro forat*, per la vicinanza dell'antico castello d'acqua. Molte antiche lapidi romane provengono dagli scavi effettuati in quell'area, sita presso la via Annia. Compreso il palazzo dei Cesari, compresi i cinque grandiosi medaglioni di Giove, Giunone, Venere, Mercurio e Vulcano, custoditi nel Museo Cassis. Domani andiamo a visitarlo». Marchesini

(⁹) I bagagli.

si fermò a pranzo, un pasto frugale ma impreziosito dai vini che provenivano dai tanti *vignali* del barone: Angoris, Borgnano, Medana, e persino da Schönpass.

Salutato il loro ospite, i tre passarono la notte nell'unica parte della casa che era abitabile. Michele sognò quello che aveva sentito raccontare e che aveva solleticato la sua puerile fantasia. Prima di addormentarsi aveva sfogliato e leggiucchiato qua e là il libretto scritto da Vincenzo Zandonati, farmacista del posto: "Guida storica dell'antica Aquileja".

> Il *muro forat* null'altro era quel "muro gemino" che serviva da acquedotto proveniente da Ajello, scaricante entro le mura in un serbatoio o castello, dal quale l'acqua ramificava in vari punti della città per mezzo di alcuni forami, dai quali ne trasse il nome di muro forato o Moforato.

Le parole friulane, miste a nomi latini e longobardi, crearono nel bimbo un'immagine esotica di ciò che lo aspettava.

L'indomani fu il primo a svegliarsi, eccitato dall'idea di visitare la basilica e il museo. Accompagnati dal giovane barone Ritter si avviarono, lasciando la zia a casa, intenta a far rimettere tutto in ordine nei bauli e nelle cappelliere da una servetta che occasionalmente prestava alcuni lavori nella cittadina patriarcale.

Visitarono la Basilica, il campanile, ammirando i mosaici. «La maggior parte dei cippi presenti nell'antico battistero, fra cui il greco che ricorda il Console Servilio Fabiano, provengono dai suoi terreni, *inlustri siôr baron*([10])» disse il *plevan*. Entrati nell'orto lapidario, Locatelli raccontò, rivolgendosi al nipotino: «Alcuni scavi erano stati fatti nel terreno di Antonio Stabile, amico d'infanzia di Alessandro de Claricini, marito di mia zia Cecilia. Cecilia, come tua mamma». Questi avevano rivelato le tre epoche di costruzione. Tre, infatti, erano le stratificazioni: la prima solo di mattoni, la seconda di pietra e cotto, e la terza di rottami di ogni sorte di colonne, capitelli, marmi mischiati a residui. Raccolte a cui avevano contribuito tanti appassionati, amici di famiglia, fra cui il dottor Cumano e gli Strassoldo della linea di Joannis. Dopo alcune ore tornarono in piazza Capitolo. La zia era ansiosa di andare dalle figlie. Ma il

---

([10]) Illustre signor barone.

marito voleva assaggiare il rinomato Refosco di Aquileia, campagna fertilissima e "feracissima di ottimo vino". Così diceva un oste, ricordando che un sacerdote, arrivato storpio a causa di dolori articolari, guarì. In effetti lo scrisse Antonio Zanon, trovandosi ad Aquileia nel 1752, a proposito dell'amico Bragolini:

> "(…) io credeva lui morto. Rimasi sorpreso vedendolo non solo quasi raddrizzato, ma di colore vermiglio; e non potei dissimulare la mia sorpresa, vedendolo sì ben rimesso e cambiato, per così dire, di temperamento. (…) Bevè largamente di quel prezioso vino, per cui si ritrovò così bene, e libero da quei malori in cui era abituato, che prese deliberazione di fermarvisi; né dopo 14 anni si era mai più partito, avendo sempre goduto perfetta salute, che tutta tutta riconosceva dalla qualità di que' vini".

Aveva appena 56 anni Giorgio Locatelli, ma ne bevve un bel po', quasi fosse un nettare taumaturgico, una medicina precauzionale quel Refosco, e pensava fra sé che qualche vigna avrebbe potuto piantarla anche lì.

Saliti sul calesse arrivarono al treno per dirigersi a Cervignano e giungere in serata nella casa di campagna. Durante il viaggio, Michele era felice di aver conosciuto l'antica capitale della *X Regio* augustea. La zia sonnecchiava e lo zio si accorse di aver tenuto nella giacca di lino le cartoline che avrebbe dovuto spedire da Grado! "Accipicchia – pensò – domani le infilo in una busta, assieme a quella nostra con la scritta *Un saluto da Cormons. Villa Locatelli, Langoris*, mando tutto a Marchesini che le porti all'ufficio postale di Grado. Chi le sente sennò le mie figlie…".

Quella notte il piccolo Caiselli, dopo aver raccontato tutto o quasi, e forse anche di più, alla mamma, sognò l'imperatore Augusto. Allo zio, fra le braccia di Morfeo, apparve il "Re Fosco" agghindato, però, come Bacco, che viveva nel Castello di Langoris.

XVI

RE, IMPERATORI, CAPI DI STATO

Carlotta ricordava ancora con emozione la descrizione fatta ne *Il mio piccolo mondo perduto*, memorie biografiche del senatore Raffaele Paolucci – eletto a Palazzo Madama nel 1953 –, della visita inaspettata di Sua Maestà Vittorio Emanuele III. Era scoppiato il colera tra le truppe italiane e mieteva molte vittime.

> Noi eravamo destinati a Langoris ed andavamo ad occupare una grande villa di un barone austriaco, ufficiale di cavalleria dell'esercito imperiale e reale (...) per impiantare colà un lazzaretto di colerosi. Nelle stanze al pianterreno vennero messi tanti pagliericci, molto ravvicinati, lasciando appena il passaggio per il medico e le infermiere. Un giorno dei primi di settembre (1915) vidi dalle finestre del pianterreno una grossa automobile ferma vicino al cancello della villa, probabilmente uno dei soliti generali, ma questa volta vidi alcuni alti ufficiali entrare nel giardino e dirigersi veramente verso la villa. Mi feci avanti: era il Re. Non avevo il berretto ed il lungo camice bianco mi copriva divisa e galloni, e Sua Maestà credette che io fossi un ufficiale, mi tese la mano chiamandomi tenente, mi domandò notizia di ciascuno dei ricoverati presso i cui pagliericci sostava amorevolmente, parlando anche con loro se erano in grado di rispondere. Nè il maggiore Basili sopraggiunto in gran fretta nè io avemmo il coraggio di smentire il Re e quindi passai quel giorno per ufficiale, il che era verosimile, date le spiegazioni di ordine medico che io fornivo a Sua Maestà.
> Era la prima volta che vedevo da vicino il Re. Lo avevo visto altre volte per le strade di Roma o in qualche pubblica manifestazione, ma molto da lontano. Mi parve semplice, buono, colto, al corrente di tutto, animato da un senso di profonda umanità quasi paterna verso i suoi soldati. Mentre il Re continuava

Il re Vittorio Emanuele III sul Monte Quarin nel 1915.

il giro accompagnato dal maggiore Basili, io rimasi sulla porta del reparto, e mi unii poi al seguito quando a visita finita ci avviammo tutti verso il cancello. Qui era stato disposto il picchetto d'onore. Sua Maestà su nostro invito strofinò le sue scarpe su un grosso tappeto di paglia imbevuto di soluzione antisettica, porse la mano a tutti, me compreso, indi tolse i guanti che gettò sul tappeto mentre uno dei suoi aiutanti gliene forniva un altro paio. La grossa automobile filò via per il grande viale alberato di villa Langoris.

7 Settembre del 1915! Oltre mezzo secolo era trascorso, ma essere nuovamente lì, nel parco di Villa Locatelli, le fece tornare viva quell'emozione così ben descritta dal chirurgo, militare e politico. Gli alberi erano più alti, la vegetazione era diversa, ma il cancello era lo stesso, anche se allontanato di una ventina di metri, e fissato ad un nuovo muro di cinta, per rendere il viale d'ingresso più lun-

go. L'immagine del re che, prima di risalire sulla vettura, «porse la mano a tutti» nonostante il colera, le aveva riempito il cuore.

Il Re soldato si ricorderà di quel luogo negli anni a venire, quando darà il titolo maschile primogenito di "Conte di Angoris" ai Miani, il 20 febbraio 1942, e poi Umberto II, nel suo breve regno, il 26 maggio 1946 concesse di portarlo al solo Luigi, che era il più giovane, dopo che il fratello glielo lasciò con apposita refuta.

All'inizio della visita a Langoris, nel novembre 1968, campeggiava una foto recentissima del cavalier Locatelli che accompagnava il presidente Giuseppe Saragat a visitare la sua industria. Un altro Capo di Stato! «Quante fotografie di Sovrani ci sarebbero! Se fossero esistite già secoli fa», esclamò guardando i nipoti, che annuivano senza capire. Ma intervenne la guida che in qualche modo chiarì, narrando i numerosi legami tra re e Angoris, tra imperatori e Locatelli. Secondo un libro di araldica:

> Pare che nell'anno 1123 l'Imperatore Federico II infeudò Adalberto Locatelli signore di Locatello, col titolo di barone...

Sicuramente già nel lontano 1569 l'imperatore concesse loro uno stemma, con diploma dato a Graz il 17 dicembre. Lo stemma venne poi riconosciuto da Ferdinando II nel 1615. Il terzo diploma fu rilasciato da Ferdinando III nel 1634 al figlio di Giovanni.

A difendere la casa d'Austria – con la penna e con le ambascerie – troviamo il gradiscano Ortensio Locatelli, che venne incaricato di assistere alle trattative per allontanare gli Uscocchi da Segna, in Dalmazia. Pubblicò *I diritti di casa d'Austria nel Patriarcato d'Aquileja, e suo capitolo*, nel 1621, che servì a Ferdinando II, ma anche al neoeletto Papa Gregorio XV, per dirimere alcune "giuste pretese che à la casa d'Austria sopra il dominio del Patriarcato d'Aquileja (...) le ragioni di Cesare"(!)

Ma a distinguersi e a conoscere personalmente altri sovrani sarà il cugino di quest'ultimo, Locatello de Locatelli, eroe sui campi di battaglia della Guerra dei Trent'anni, che l'imperatore gratificò con il titolo di barone e i ben noti 300 campi. Ne aveva chiesti 1.000, ma erano troppi, seppur definiti da lui "deserti ed incolti". Correva l'anno 1647:

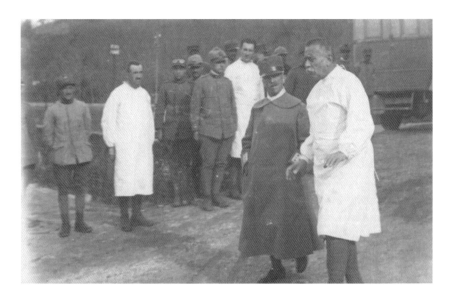

Il re visita l'ospedale militare presso villa Codelli. Mossa, 1915.

"pei quali meriti distinti l'augusto monarca Ferdinando III iterate volte l'onorò col titolo di eroe fortissimo, e lo innalzò assieme col fratello Antonio al grado di barone del sacro romano impero..."

Il nuovo proprietario, Giulio Locatelli, era nato a Pordenone e la Serenissima gli piaceva di più. Sentendo la guida, aggiunse con fermezza, mista ad ironia, «anche il Doge ebbe a cuore i Locatelli, il Bergamasco era sotto il dominio della Repubblica di Venezia». Bastarono queste poche parole ad accendere il cicerone: «In verità a Venezia una famiglia Locatelli la troviamo iscritta al rango di cittadini nel 1636. A Bergamo dei Locatelli furono ascritti al Maggior Consiglio nel 1699. Poi il Senato Veneto nel 1726...». Qualcuno sbadigliava, altri osservavano i dipinti e il mobilio. Una *consolle* in stile impero, con fregi in bronzo dorato, fecero pensare al grande còrso.

L'epopea di Napoleone Bonaparte arrivò anche nel Goriziano e, come si legge nel *Bollettino delle leggi del Regno d'Italia*, il 17 marzo 1813 il viceré Eugenio di Beauharnais nominò nel Consiglio comunale di Cormons "Locatelli Francesco e Locatelli Giorgio". La madre di quest'ultimo, Cecilia Locatelli nata Thurn Hofer Valsassina, era Dama della Croce Stellata, per volontà di Maria Teresa d'Austria.

Solo tre anni prima, su commissione del suo mecenate Alvise Mocenigo, il cordovadese Antonio Domenico Locatelli disegnò ed incise la sua prima opera: il *Ritratto di Napoleone con la sposa Maria Luisa d'Austria*, omaggio per le "fauste" nozze celebrate in Saint-Cloud il primo aprile dello stesso anno.

Molto tempo dopo, nel 1875, un altro consigliere municipale, *barone Locatelli*, accolse Francesco Giuseppe. L'imperatore d'Austria-Ungheria aveva deciso di fermarsi a Cormons, prima di recarsi a Venezia. La Ferrovia Meridionale era stata inaugurata 15 anni prima e da quel momento per il Collio era diventata un'opportunità di crescita ed uno sbocco economico commerciale, per vendere vini, ciliegie, susine ed altri prodotti. Sua Maestà decise pertanto di sostare alcuni minuti alla stazione e il Comune organizzò l'accoglienza. Carlotta lesse l'articolo dell'epoca, esposto in bacheca:

> Già alle ore 6 1/2, del mattino del 5 aprile la piccola stazione ferroviaria, stata addobbata per cura della Meridionale con bandiere e piante, era gremita di gente; vi si trovavano schierati in bell'ordine tutti gli scolari maschi e femmine di Cormons e dei circonvicini Comuni di Medea e Chiopris, ognuno portando una banderuola bianca-rossa o giallo-nera. Sopra una tribuna all'uopo eretta e guernita con molto buon gusto, avean preso posto buon numero d'eleganti signore e la banda della Società artistico-filarmonica. Con alla testa il sig. Capitano Distrettuale di Gradisca Cav. de Gumer s'erano riuniti tutti gl'II. RR. Impiegati, il Consiglio Municipale, il Clero e la Direzione della Società artistico-filarmonica colla propria bandiera. All'esterno della stazione una compatta massa di popolo attendeva con ansia l'arrivo di Sua Maestà. Ed era in vero bello il vedere le numerosissime bandiere ornanti lo stabilimento meccanico industriale "Falzari e De Cillia", sito in prossimità alla stazione, nonché la casa Locatelli, il campanile del Duomo, e quella colossale che sventolava sulle rovine del vecchio castello al monte di Cormons.

Alle ore 7.15 il treno reale che conduceva il sovrano fu visto avvicinarsi alla stazione e subito la banda intonò l'inno dell'impero "e fragorosi evviva proruppero da tutti i petti, evviva che non aveano più fine quando, entrato il treno in stazione, si vide Sua Maestà già uscita dalla carrozza star in piedi sul predellino della stessa. Smon-

Primo stemma dei Locatelli. XVI secolo.

tato fra gli armoniosi suoni dell'Inno e gl'interminabili evviva, l'Imperatore fu ossequiato dal Capitano Distrettuale De Gumer" il quale presentò al sovrano la baronessa Locatelli, la cui figlioletta non ancora quinquenne, accompagnata da undici fanciulle di bianco vestite, gli offrì una magnifica corona di camelie bianche e rosse, da cui pendevano due bellissimi nastri di seta, su cui si leggeva in caratteri d'oro: "A Francesco Giuseppe I. Imperatore, in segno di devota esultanza, i Cormonesi".

"Sua Maestà, visibilmente commossa – continua la cronaca –, aggradì tale presente e degnossi manifestare alla suddetta signora la Sua viva soddisfazione per l'accoglimento festevole che Le veniva fatto al confine del Suo Impero.

> In seguito furono presentati i Capi delle Autorità, il rev. Parroco Decano, il Clero, il direttore delle scuole don Pietro Fabris, il Podestà di Cormons sig. Stua, i consiglieri municipali barone Locatelli, cav. Deperis e Bernardelli, l'I. R. Capitano in pensione e Ciambellano sig. Barone de Rechbach, il presidente della Società Artistico-filarmonica sig. Natale Osvaldo ed il sig. Cav. Eugenio Tosi, ai quali tutti Sua Maestà diresse affabili parole, informandosi con interesse dello stato della borgata, parlando alternativamente in tedesco ed italiano".

In soli otto minuti il sovrano lasciò a tutti una grande emozione, pari a quella che quarant'anni dopo il re d'Italia avrebbe provocato in tutti coloro che erano al lazzaretto di Langoris. La giornata terminò con vini di Angoris e brindisi!

Un altro ritaglio da *L'Eco del Litorale* di domenica 17 Settembre 1882, conservato in un fascicolo: un articolo dal titolo roboante *S. M. L'IMPERATORE Nella provincia e città di Gorizia – Dal Predil a Gorizia:*

> S. M. partita da Tarvis (a Tarvis si presentò a S. M. una bianca schiera di fanciulle della Valle del Gail; e a quella che parlò a nome di tutte S. M. diede uno zecchino per ciascuna delle compagne quale ricordo di quel giorno) verso l'una pom. di Lunedì, arrivando al confine tra la Carintia e il Litorale, venne ossequiata dal Luogotenente Barone de Pretis, e dal Capitano distrettuale cons. Schermerl, dai Consiglieri intimi conti Carlo e Francesco Coronini, dai ciambellani principe Federico Hohenlohe, conti Ernesto e Clemente Coronini, Sigism. Attems, Cesare Strassoldo e bar. Locatelli. Ivi era eretto a cura della Giunta provinciale un arco trionfale. Indescrivibile il giubilo della popolazione.

In passato i Pontefici viaggiavano di rado, perciò, nell'estate del 1877, le due sorelle Cecila, sposata Claricini, e Valburga, sposata Delmestri, mentre villeggiavano nella casa di campagna della loro infanzia, decisero di recarsi a Roma. Chiesero udienza a Pio IX e, ottenuta, si recarono a Roma acompagnate dal dottor Fabris. Il 3 agosto 1877, tornate nel loro albergo nell'Urbe, così scrisse Cecilia:

> Il nostro scopo principale è stato raggiunto, oggi all'una abbiamo baciato la mano al Santo Padre. Eravamo in otto ammessi all'udienza; ci collocarono in fila, la Vali la prima, io la seconda. Dopo una attesa di circa un'ora e un quarto ecco comparire il Santo Padre portato da otto camerieri vestiti in damasco rosso, seduto in poltrona e vestito di bianco. Deposto a terra, il Papa ci domandò di dove fossimo, se forse del Tirolo; noi "No Santo Padre, siamo di Gorizia". Ci benedisse e ci porse la mano per il bacio; benedisse pure alcune corone e crocette che avevamo portato con noi... Ho baciato con fervore quella mano due volte; era così bella e bianca! Era un incanto il vedere il Santo Padre con quella cera, bianco e rosa in volto, con quell'affabilità con cui ci diresse la parola, e con quel sorriso con cui ci lasciò. Commosse e contente ritornammo a casa...

Un imperatore del '500 è raffigurato nel monumento bronzeo che si erge in Largo San Luigi Scrosoppi, dinanzi al santuario di Rosa Mistica, a Cormons. Una statua che ha alle spalle una storia movimentata che forse nessun'altra ha avuto, almeno nella nostra regione. Esiste pure una ricca rassegna fotografica e documentale che accompagna il visitatore in questo viaggio compiuto dal monumento, realizzato dallo scultore viennese Edmund Hofmann e fuso alla Fonderie artistiche di Vienna nel 1902. Documenti, trovati in archivi pubblici, accertano in modo chiaro e definitivo che la statua

Cerimonia di inaugurazione della statua a Massimiliano. 14 giugno 1903.

non è una copia del navigatore Cristoforo Colombo, come avevano insinuato fin dagli anni Trenta, teoria ripresa in periodi più recenti da fonti nazionaliste.

Il monumento venne commissionato da un Comitato presieduto dal podestà di Cormons Giorgio Locatelli, con segretario il Preposito capitolare monsignor Luigi Faidutti, a testimonianza che la statua sarebbe stata eretta per volontà dell'intera Contea, per celebrare i 400 anni di appartenenza alla Casa d'Austria.

> Il padre Barone Michele Locatelli I.R. Ciambellano di Corte di sua Maestà l'Imperatore Francesco Giuseppe, fu il fautore e presidente del comitato per l'erezione della statua di Massimiliano I. Possidente ed uomo danaroso, era comandante della milizia di Cormons durante l'ultima guerra con l'Italia (1866), ebbe la Corona Ferrea di III classe e nel 1883 eletto podestà di Cormons e deputato alla Dieta di Gorizia.

Un legame solido, quello fra Cormons e gli Asburgo, che portò anche alla fondazione della *Società Cormonese Austria* nel 1899.

Dichiarò il barone Locatelli, all'epoca podestà: «Österreicher sind wir, und Österreicher wollen wir bleiben!» (Siamo austriaci e vogliamo rimanere austriaci!)

Davanti alla chiesa di Santa Caterina il monumento di Massimiliano I testimonia l'antica appartenenza di questa terra. Il 26 luglio 1900, durante la seduta del Consiglio comunale, il barone Michele (1843-1900) propose che venisse eretto un monumento "a perpetua ricordanza di questo faustissimo avvenimento". Il podestà però morì due mesi dopo, poco prima della visita di Francesco Giuseppe a Gorizia, ed in sua vece il consigliere dottor Marchesini (futuro podestà di Grado dal 1909 al 1914), in rappresentanza di Cormons, portò il saluto al sovrano comunicando che

"unanimemente il Consiglio Comunale aveva deliberato di erigere un momumento all'Imperatore Massimiliano I a perenne memoria della dedizione della principesca Conte di Gorizia alla Casa degli Absburgo".

Venne costituito un comitato presieduto da Giorgio Locatelli (1864-1919), che nel frattempo era subentrato al padre come primo cittadino, e venne fatta una pubblica sottoscrizione raccogliendo 18.359 corone. Alla solenne inaugurazione, il 14 giugno 1903, partecipò la popolazione, il luogotente di Trieste conte Goess, il capitano provinciale Pajer de Monriva; la funzione religiosa fu tenuta dal principe arcivescovo assistito da monsignor Faidutti.

Allo scoppio della Prima guerra la statua divenne, per gli italiani, il simbolo della conquista di Cormons: vi si fecero fotografare i generali Cadorna, Capello e Porro! La statua fu poi tolta, c'è chi voleva fonderla, chi venderla, ma la Soprintendenza si oppose sempre. Custodita al Museo di Palazzo Attems a Gorizia, appena nel 1981 è stata ricollocata al suo posto!

Una guerra scoppiata a causa dell'attentato di Sarajevo. Quel giorno funesto, con l'arciduca ed erede al trono Francesco Ferdinando si trovava anche il barone Boos-Waldek, leggermente ferito dall'esplosione, che arrivò a Cormons il 1° luglio 1914, per assistere al matrimonio della nipote Locatelli. Quante storie, che intrecci!

«Anche i principi di Francia frequentarono Angoris e il palazzo in città, sapete?» disse Carlotta ai nipoti. Si ricordava di Enrico V, erede al trono di Francia, conosciuto come il Conte di Chambord. Anche la duchessa d'Aosta era una Orleans, e proprio da un anno (dal 1967) la principessa di Borbone-Parma si era stabilita a Cormons, a palazzo Locatelli. I vini che il neo conte di Angoris aveva prodotto erano ben conosciuti da Giacomo Enrico di Borbone-Spagna, figlio di Alfonso XIII e cognato di Luigi Miani.

Sentendo queste citazioni la guida ricordò che i signori di Angoris conobbero un altro Borbone, il re di Napoli Ferdinando IV. «In qualità di Gran Maestro dell'Ordine dei Nobili Cavalieri di Diana cacciatrice, via mare approdò a Barcola nel 1790, per incontrare tutti i membri del sodalizio e poi proseguire con passatempi venatori» nel territorio triestino e goriziano.

Camminando al piano terra della villa, nella sala del biliardo, ai visitatori cadde lo sguardo su due olii su tela raffiguranti battaglie navali al largo di Malta. Le bandiere dell'Ordine di San Giovanni ci riportano ad una disputa antica: i cavalieri residenti in Friuli dovevano considerarsi sotto il Priorato italiano o tedesco? Una disputa che coinvolse il Gran Maestro: il portoghese Manuel Pinto da Fonseca, un sovrano anch'egli.

Fra il 1697 e il 1721 fu Vienna il luogo del dibattito. Poi un trentennio di silenzio, fino al 7 marzo 1752, quando alcuni – Petazzi, della Torre, de Terzi, Coronini e Strassoldo – decisero che la nobiltà di Gorizia e di Gradisca dovesse poter scegliere se essere "admessa nell'una o nell'altra Lingua o Priorato o di Boemia o d'Italia". Alla conferenza intervenne anche Vincenzo Locatelli, in rappresentanza della nobiltà di Gradisca, cittadina vicina alla commenda di San Nicolò di Levata, a Ruda. Il 30 giugno 1674 fu letta pubblicamente agli Stati Provinciali gradiscani la lettera del Gran Maestro di Malta, "il quale assicura non esser seguita la esclusione di questi Cavalieri dalla Lingua Bohema".

Un periodo che coinvolse un Locatelli gradiscano, Lorenzo Antonio, in due eventi successivi alla morte di due sovrani: il 20 marzo 1717, deceduto l'ultimo principe Eggenberg, anche Lorenzo Antonio viene incaricato di studiare le conseguenze dell'estinzione della famiglia. Così, il 20 gennaio dell'anno seguente c'è la prima Dieta sotto il governo dell'imperatore e Locatelli affianca i commissari imperiali "per assistere et illuminarli". Due mesi dopo avrà l'incarico di organizzare i funerali della madre dell'imperatore, Eleonora Maddalena di Neuburg, morta alla Hofburg, a Vienna.

Il generale Cadorna si fa fotografare con altri ufficiali di fronte alla statua, a Cormons italiana.

Scena di battaglia navale con la flotta dei Cavalieri di Malta.

Un pranzo da Re! Esclamarono tutti, satolli dopo il buffet che era stato allestito nella trattoria della Tenuta di Angoris, sulla strada per Gradisca. «Com'è andata la vendemmia?» chiese un avventore al nuovo enologo Zuliani, mentre assaggiava un dolcetto Delser, azienda da poco acquistata dal cavalier Locatelli. «Questa è un'annata che ci darà vini pregiati, con i rossi adatti alla selvaggina».

XVII

LA CACCIA

Zuppa di beccacce, uccelli allo spiedo, lepre alla cacciatora… quante bontà! L'immaginazione di Carlotta viaggiava, la memoria gustativa era stimolata dal ricettario. Ma le prede e i cacciatori – ahimè – erano altri durante quel conflitto. E i ruoli cambiavano di continuo. La biblioteca della villa le offriva la possibilità di calarsi in realtà romanzesche e di allontanarsi di quando in quando dalla tragica realtà. I fucili 91 usati dal Regio Esercito erano "nuovi" modelli, anche se risalivano alla fine del secolo precedente: 1891, appunto.

Ma nel Seicento c'erano i moschetti. Francesco Locatelli nutrì una passione particolare per la caccia e le armi, come risulta dalla descrizione dell'armeria. Qui si trovavano ben quarantadue fucili e tredici paia di pistole, oltre ad altri ordigni, come ad esempio "un ferro da pigliar animali". Tra i suoi libri preferiti vanno menzionati quelli riguardanti l'agricoltura e la vita di campagna, come anche diversi manuali sulla caccia, l'equitazione, la pesca.

Il secondogenito Carlo Antonio, dopo aver abbandonato gli studi, si lasciò andare ad una vita sregolata. Il 18 maggio, alla vigilia di Pentecoste del 1709, accadde un fatto che segnò per sempre la vita di questo figlio ribelle, allora diciassettenne. Rientrato da una caccia sul Monte di Medea, offrì il pranzo a tutta la compagnia nella casa di suo padre a Borgnano, non distante da Angoris. Il giovane barone era già alticcio, quando, rientrato a Cormons, si fermò a cena in casa dell'amico e cacciatore Orazio Delmestri. L'ospite testimonierà in seguito che:

> "(...) erano stati allegramente di modo che detto Sr. Bar. Locatello Carlo Antonio era alteratto dal vino. La sera montati a cavallo venimmo a Cormons in mia casa, ove feci restar meco a cena, il quale smontato da cavallo portò secco le pistole cavate dalle fonde, com'è solito, ed il di lui servitore condusse a casa il cavallo. A cena bevette parimente e d'avantaggio, s'alterò col vino bevendo, sino che verso le 10 hore in circa di notte scura, si partì con haver prese le sue pistole al fianco, giacché non haveva il cavallo, ed si portò a casa, ove hebbe l'incontro per cui è processato".

Rientrato a casa, ebbe infatti uno scontro con un tale Giacomo Slizza che ferì mortalmente con una pistolettata. Dopo alcuni anni di carcere, si fece prete.

Qualche decennio dopo, ultimata la casa di campagna, in località *Langoris*, Locatelli commissionò probabilmente ad uno dei Lichtenreiter le tele per impreziosirne i saloni. Non sono molto diverse da quelle fatte nel 1750 circa per Sigismondo d'Attems e tutt'ora nel palazzo, sede museale, in piazza De Amicis a Gorizia. Il passatempo venatorio era molto in voga fra la nobiltà e la grande tenuta bene si adattava a questa attività. Armi, pistole, archibugi erano nella disponibilità di tutti gli aristocratici.

Fra i cavalieri della Nobile Società di Diana cacciatrice, fondata a Gorizia nel 1779, figurano anche Giorgio e Giovanni Locatelli. Venti anni dopo, nella casa a Cormons, Giacomo Locatelli aveva ben 7 schioppi e 4 paia di pistole.

Il piano terra della villa è ricco di stampe raffiguranti scene venatorie, battute di caccia a cavallo. Alcune sono di chiara provenienza francese – *Chasse au chevreuil* –, altre raffigurano cacce a cavallo in stile britannico – *Fox hunting*.

Gorizia, 1875.

Il conte di Chambord è tornato a *Gorice, le Saint-Denis de l'exile*. Per le precarie condizioni della moglie ha lasciato le fredde temperature della Bassa Austria. Questa volta si stabilisce a villa Boeckmann, circondata da un parco che arriva fino al Panovitz. Il seminario, oggi università, ancora non c'era. C'è però la scuola agraria e il colle del Rafut, sede da un secolo del vivaio della Società agraria, viti e vigneti sperimentali compresi. Villa Boeckmann dispone anche di grandi stalle per ospitare i cavalli provenienti dal castello di

Frohsdorf. Indispensabili per andare a caccia!

A novembre era morto a Vienna Francesco, suo cognato, l'ultimo duca di Modena, ed Enrico rimane in lutto per un anno, poi s'integra rapidamente nella vita goriziana aprendo la sua casa e accettando molti inviti. La sua fama di cacciatore stimola le famiglie dell'aristocrazia e dell'alta borghesia ad invitarlo nelle loro tenute, ricche di intrattenimenti e di svaghi. Così facendo, vogliono compensare il più possibile la perdita delle belle cacce in Austria, come ricorda uno dei suoi biografi, René Monti de Rezé. Così a Gorizia il principe-cacciatore mantiene le sue abitudini venatorie che aveva coltivato a Lanzenkirchen.

Enrico V conte di Chambord.

Un giorno, all'alba, parte da Mossa, dalla villa dei baroni Codelli (un ramo dei Locatelli) con i suoi compagni di caccia verso la pianura. Dalla Valisella, ultima collinetta vitata del Collio, i cacciatori che accompagnano il pretendente al trono di Francia si schierano e battono la campagna che si trova sotto, in direzione del piccolo villaggio di Corona. Alla periferia di questo paesetto sorge – come si vede ancora oggi – una fila di pini marittimi che ricorda il panorama romantico della campagna romana, alberi che raggiungono circa 15 metri di altezza ai margini del villaggio.

«I contadini più anziani hanno sentito dai loro padri che un personaggio francese di alto rango si fermò spesso durante la caccia per riposare all'ombra di questi alberi» le disse madre Pia, la Superiora delle Suore della Provvidenza. Una vecchia che portava la frutta ai soldati e alle crocerossine, sentendo il discorso, si fermò a guardare Carlotta: «Sì, ero bambina, era il *cont franzês*(¹¹). Ricordo di averlo visto che sotto questi pini si fermava con i suoi compagni a mangiare e a far riposare i battitori prima di proseguire la battuta di caccia». Alternando l'italiano al friulano, l'anziana quasi senza denti, continuò: «*Al iere un čhačadôr indeât*(¹²). Noi bambini non ci avvicinavamo, avevamo sentito raccontare delle streghe, che qui sotto nei gorghi del Judrio, presso Borgnano, furono viste lavare le loro biancherie al *lusôr di lune*, al chiaro di luna...».

Nature morte, sorvegliate anch'esse come i soldati dalle generose crocerossine, rimanevano intatte, mantenevano viva villa Locatelli. Pernici, fagiani, lepri, caprioli e cinghiali immortalati da pittori locali giacevano lì, raccontando di momenti meno cruenti, se non per la selvaggina.

Le colline boscose che circondano in un anfiteatro la valle dell'Isonzo sono il luogo preferito da Enrico V. Stufo dei soliti piccioni selvatici, quella mattina si spinge verso ovest e raggiunge una tenuta ricca di vigneti, olivi, frutteti, boschi e seminativi, dove camosci e cervi erano abbondanti: Angoris. È anche qui che il Conte di Chambord e i suoi compagni, provenienti da Gorizia, passavano spesso. Il barone produceva anche ottimi vini. Uno di questi lo chiamava "Vino rosso fino di Bordeaux", che a Enrico ricordava la Francia. Anzi la sua infanzia, essendo egli "Duca di Bordeaux" fin dalla nascita. Era fatto con uve di Cabernet Sauvignon, varietà coltivata su scala piuttosto vasta nel Goriziano, la quale ad Angoris, come a Novali, dava ottimi prodotti che:

> "se non possono competere con la straordinaria finezza dei veri Bordeaux, sono pur sempre i vini neri da bottiglia i più fini che abbiamo. (...) I Cabernet Sauvignon del Goriziano, da noi analizzati, diedero dal 10.3 al 12.5 % d'alcole e dal 4.2 al 5.4 % d'acidità. Il Cabernet Sauvignon riesce benissimo, sia per quantità che per qualità, nelle parti più basse del Collio, ove le marne ed i tasselli sono perfettamente decomposti e ricchi di ferro e d'argilla, e riesce altrettanto bene pur nei terreni alluvionali e persino nelle ghiaie magre del Friuli, anzi in queste sembra riescire meglio che nelle terre forti".

(¹¹) Conte francese.
(¹²) Era un cacciatore ostinato.

Si conserva ancora la foto di una carrozza con un tiro a quattro, che da Angoris portava Chambord a Cormons, alla fine delle sue giornate di caccia. Spesso, infatti, veniva accolto nel palazzo dei Locatelli, nella piazza principale. La stessa dimora, oggi municipio cittadino, che ospitò dal 1967 al 1972 la principessa Margherita di Borbone Parma e suo fratello Raimondo della Torre Tasso da Duino.

Carlotta trovò un foglio in un cassetto, con una didascalia: *Disegno della fine del XIX secolo di un'altra casa padronale dei baroni Locatelli, situata ad Angoris (vicino a Cormons), in una ricca area di svago.*

È così che la caccia ad Angoris, verso Monticello, Boatina, Borgnano continua anche nell'800. Dopo la morte, avvenuta a Gorizia nel 1836, dell'ultimo re di Francia, Carlo X, si erano stabiliti nel capoluogo isontino i suoi figli il Duca d'Angouleme e il duca di Berry, nonché il figlio di questi: Enrico V Conte di Chambord, il principe-cacciatore. Uno strano legame unisce le famiglie, poiché Carlo X prima di morire decide di essere sepolto alla Castagnevizza, nella cripta dei della Torre, dove riposano anche i suoi figli e suo nipote, con le rispettive mogli.

E lì, nella chiesa della Castagnevizza, vicino al poggiuolo della cappelletta c'è il sepolcro della famiglia Locatelli. Sul marmo è inciso:

ANDREAS ET CAROLUS FRATRES LOCATELLI
LI: BA: DE AILEMBURG ET SCHÖNFELD
HOC SIBI POSTERISQUE SUIS
POSUERE MONUMENTUM
ANNO DOMINI
MDC . LXXXII .

La caccia, che passione! Anche per Pirro de Hagenauer, marito di Carlotta Locatelli, che aveva sposato il 4 luglio 1914, da ventiquattrenne ufficiale dei Dragoni, poco dopo l'assassinio di Francesco Ferdinando. Con una coincidenza narrata dalla cronaca locale:

"Il 1° luglio 1914 invece arriva in città una delle automobili del seguito dell'arciduca: la vettura del barone Boos-Waldek, danneggiata dalla bomba

Scene mitologiche raffiguranti Diana e la caccia. Villa Locatelli, Angoris.

del primo attentatore, Cabrinovic. Boos-Waldek è cognato del podestà di Cormons Giorgio de Locatelli, che ha sposato sua sorella, Maria. Il barone è stato leggermente ferito dall'esplosione della bomba di Sarajevo (...) ma l'attenzione del cronista si concentra esclusivamente sulle condizioni della vettura, forata in ben settanta punti. Nei giorni successivi Boos-Waldek prende parte alle nozze della nipote Carlotta, ma non risultano sue dichiarazioni alla stampa locale sui fatti di Sarajevo".

Negli anni Venti aderisce al Fascismo, diventa un personaggio influente e ospiterà ad Angoris frequenti battute di caccia. Riserva che aveva un guardiacaccia fisso tutto l'anno. Alle battute prendevano parte molti invitati e notabili locali ed alle stesse assistevano anche vari spettatori sistemati sulla collinetta. I cacciatori aspettavano le prede, soprattutto lepri, sulla piana a ridosso della collinetta dove, partendo dai confini di Medea, Borgnano e del Versa, i coloni Montina, Pizzul e Russian, ed i figli degli stessi, ingaggiati per l'occasione quali battitori, le mandavano verso le doppiette spianate. Dopo l'esposizione delle prede cacciate, messe in bella

mostra nello spiazzo antistante, c'era un grande pranzo nelle sale della Villa dove non mancava mai la pasta e fagioli con le cotiche e piatti tipici della cucina austriaca. I fattori invece mangiavano in cucina.

Il barone Pirro era un ottimo cavallerizzo, aveva fatto servizio militare nella cavalleria e dopo un incidente dovuto ad una caduta da cavallo non volle mai separarsi dal suo ultimo bellissimo purosangue nero che rimase ad Angoris fino alla sua morte naturale. Era vicepresidente del Consiglio dell'Economia Corporativa e presidente del sindacato provinciale dei proprietari con beni affittati. Nella *Rivista Venatoria* ufficiale della Federazione nazionale fascista cacciatori, del 1936, si legge:

> Battute in perfetta schiera sono state effettuate nelle Sezioni di Idria, Tolmino, nella riserva di Montespino, in quelle private del barone cav. Locatelli a Langoris e del sig. cav. Rizzatto Antonio a Pocrai del Piro (…) Con tale offerta, risultato di 4 giorni di caccia, i cacciatori di Gorizia hanno ben meritato l'alto elogio delle Autorità che, prendendo parte ad alcune battute, constatarono con

quale e quanta passione i seguaci di S. Uberto si sieno adoperati per la sempre meglio riuscita...

Dal 1936 al 1945 regge l'Istituto "Cerruti" di Villa Russiz a Capriva, rinomato anche per i vini, oltre che per l'attività benefica. Nel 1939 Pirro diventa vicepresidente della Cassa di Risparmio di Gorizia. Ormai, però, lui e la moglie (della quale aggiunge il cognome anteponendolo al proprio: Locatelli de Hagenauer) avevano alienato la tenuta a Max Orefice, che poco più di un anno dopo la vende ai Miani. Altri appassionati all'arte venatoria.

Questi si narra che abbiano regalato ad Ernest Hemingway un eccezionale fucile da caccia ospitandolo nella loro tenuta! Lo scrittore americano amava, infatti, dedicarsi alle battute venatorie nelle tenute dei Kechler, sul Tagliamento, bevendo però vini del Collio.

Non pensava di certo ad abbandonare le doppiette, quando scrisse "Addio alle armi".

XVIII

IL PALAZZO

Il palazzo Locatelli, quello che è l'attuale municipio di Cormons, è stato realizzato tra il 1748 e il 1789 dal barone Giorgio, ampliando un precedente edificio. La progettazione è attribuibile ai capomastri Michele Bon e Saverio Giani, a cui si deve anche la chiesa di Sant'Adalberto. Lo stemma cinquecentesco, sopra il portone bugnato, proviene da Novali o dall'altro palazzetto di Cormons. La facciata è monumentale, tripartita, con eleganti lesene e bifore. L'interno conserva, al piano terra, una sala che accoglieva la cappella gentilizia, di cui restano le ricche decorazioni floreali. Sulla corte si affacciano il complesso dei cantinoni per il vino e le granaglie, e altri corpi edilizi successivi, tra cui il cosiddetto *folador*, le scuderie (ora museo) e il Caffè Commercio (ora Enoteca), realizzati ai primi del '900. Qui si svolse la III mostra mercato dei vini del Goriziano, tenutasi il 21 aprile 1940. Ma la piazza era anche il fulcro della Festa dell'uva, già negli anni Trenta, che affondava le sue radici nelle tradizioni dell'800, ben narrate da Caprin:

> Si tiene un mercato all'anno per ciò che si dà alla terra: le sementi; e sei mesi di mercato giornaliero per ciò che la terra restituisce. È proprio una festa continua quella processione trionfale che cala giù coi primi albori del mattino: i contadini scendono con le gerle o le *zagote* piene di frutta, la *zagota* è un carro a due ruote, con una cesta di vimini intessuti, al quale viene aggiogato un paio di buoi, ed è adatto a salire le vie erte e incanalate dei poggi. Da maggio a novembre le piazza di Cormons (piazza Locatelli n.d.A.) mostra il tributo che ad essa mandano gli orti ed i frutteti del suo territorio. Si ferma là il corteo di Vertunno, e quello dell'abbondanza, e le frutta se ne vanno subito nei paesi

Cormons 1917.

dell'alta Germania. Cominciano ad affluire le ciliege, araldre della raccolta, e presto presto le fragole di bosco, i lamponi, le susine color ardesia, le albicocche d'oro, l'uva rossa dei frati e l'uva spina, i fichi con la camicia stracciata e le pesche villose; in fine le pere ruggini o rosate, i pomi verdi e le mandorle col guscio di velluto glauco: tutto ciò che la vegetazione, fremente di succhi, dà dopo i suoi amori primaverili e le nozze dei fiori.

Un'occasione per catalogare le varietà: Uva *Cormonese*, *Cuchignàne*, Picolit di Cormons "fumoso", Mariabino, Ribolla *spizade*, Sant'Ane, Targasca, Vercluna, Ribolla colata, *Pasche*.

Per avere conferma che l'arredo del palazzo fosse elegante, a Carlotta bastò leggere gli inventari fatti fra il 1796 e il 1802: sotto il portico campeggiavano sei quadri antichi, altrettanti nella prima camera annessa, più dieci altri di pittura antica; nella seconda camera due grandi ritratti antichi e altri sei quadri, quattro nature morte, cinque quadri a soggetto storico, alcuni raffiguranti scene religiose e tanti quadretti. E più di 140 sedie, fra quelle con cuscini in pelle e altre rivestite di damasco, sedici poltroncine di cui nove in damasco color giallo. Credenze, scrittoi, 47 tavolini, almeno 12 canapè (alcu-

Piazza Locatelli.

ni in pelle altri rivestiti di tessuto), una dozzina di specchi, orologi da muro, 18 letti, 26 lumiere...

Al piano nobile si conservano tuttora le decorazioni del salone centrale e dell'atrio, realizzate dal pittore udinese Antonio Picco (1828-1897). Nella saletta sono affrescati, in alto, sopra altrettante porte, gli stemmi Strassoldo, della Torre e Locatelli. Il che fa supporre si riferiscano a Cecilia della Torre, sposata con Giovanni (1738-1792), a Ernestina Strassoldo-Villanova moglie di Giorgio (1796-1862), ma anche a Maria Strassoldo-Graffenberg moglie di Michele (1843-1900).

Interessanti e misteriose sono le figure allegoriche riportate su 12 colonne dipinte nel salone centrale. C'è la "C" con sopra raffigurato un amorino, che sia Cupido? C'è la colonna con la "S", forse a significare la *Sapientia*. "H", come *Harmonia* o come Honos, che era compagna a Marte. Con la "T": Talìa, la musa della poesia? Oppure la musa Tersicore o la dea romana Tutilina, protettrice del grano raccolto e conservato?

O erano piuttosto le colonne di un tempio massonico, frequentato dagli irredentisti cormonesi? Se si approfondisce la ricerca, l'autore degli affreschi, Picco, fu attivo nel Risorgimento, già nei

Illustrazione raffigurante la partenza dei Mille da Quarto.

moti del 1848. Allievo di Giovan Battista Benardelli di Cormons, si contraddistinse per gli stilemi neobarocchi delle ornamentazioni di un salottino di palazzo Locatelli, che inquadrano quattro paesaggi di matrice romantica, databili verso il 1860. Analoghe decorazioni fece negli anni Cinquanta dell'800, nella decorazione di due salette al piano nobile di palazzo de Brandis a Udine e a villa de Brandis a San Giovanni al Natisone, nonché a villa Sabbadini-Truant a Provesano di San Giorgio della Richinvelda (1872) e a palazzo Desia-Tomasoni di Udine, mentre risalgono al 1876 i lavori eseguiti a palazzo Moisesso-Liruti-Biasutti a Udine. Al pianoterra, accanto allo scalone, la data 1885 che si legge nel mosaico del pavimento, testimonia un ulteriore intervento.

In questo palazzo, nel novembre 1859, il poeta Pietro Zorutti fa visita al barone Michele, pregandolo di portare i suoi saluti anche al marchese Polesini, di sentimenti filo italiani come lui.

La sensibilità per i moti risorgimentali è testimoniata anche da un quadro, appeso in una camera da letto della villa: un acquerello su carta dal titolo "La partenza dei Mille da Quarto".

XIX

DA ANGORIS A LOVARIA

Grande Guerra o Quarta guerra d'indipendenza? Prima guerra mondiale.

A Langoris, nell'ospedale n. 230, era stato allestito un "Lazzaretto di Sanità", per ospitare e curare i soldati ammalati di colera. Non c'erano solo crocerossine, ma anche suore Terziarie Cappuccine, arrivate lì il 27 agosto del 1915, dopo essere partite da Genova dieci giorni addietro. Le Suore in servizio furono nove: sr. M. Teodolinda di san Giuseppe (Aurelia Traverso); sr. M. Alessandra di san Giovanni (Giovanna Calligaris); sr. M. Dorotea di san Luigi (Elvira Salotti); sr. M. Federica di sant'Urbano (Carmela Gandolfo); sr. M. Edoarda di san Filippo (Francesca Cordelio); sr. M. Benvenuta di san Francesco (Maria Ottonello); sr. M. Agata di san Nicolò (Maria Bonora) e sr. M. Modesta di san Giorgio (Maria Tagliafico). La Superiora era sr. M. Filomena di san Siro (Teresa Ravera), che ha scritto un diario giunto a noi. Tutte, tranne M. Modesta a causa della brevità del suo servizio, hanno ricevuto per merito la Medaglia di bronzo (stelletta e listino) perché assistettero i colerosi.

"Il giorno 27 Agosto siamo partite per Langoris tre chilometri oltre Cormons. (...) Il 28 abbiamo preso il nostro servizio presso i poveri soldati colerosi: erano due reparti. Suor Filomena prese il piano inferiore e Suor Teodolinda il piano superiore. Io avevo una settantina di ammalati e Suor Teodolinda ne aveva 85. Suor Alessandra la stessa sera che siamo arrivate prese servizio in cucina e Suor Benvenuta stette in casa per quel giorno".

Erano arrivate a Langoris alle 11 del mattino, tutti gli ufficiali erano andati a salutarle, compreso il maggiore Basilli, malvisto da tutti. Ma al di là dei complimenti nessuno pensava a sfamarle, sicché erano state a digiuno fino alle 15, quando un soldato diede loro quattro tazze di brodo, scodelle di latta arruginite, poco pane, quattro pezzi di carne e, ahimè, poco vino!

> "Il giorno 28 io e Sr. Teodolinda abbiamo preso servizio nei reparti. Avevamo, tra tutte e due, quasi duecento colerosi. I primi giorni ne morivano anche 20 al giorno. Era una cosa che faceva pietà, tante giovani vite soccombere sotto la falce della morte. (...) Quando siamo arrivate a Langoris vi era un solo reparto: in seguito se ne aprirono otto reparti, senza contare le tende".

Su 16.000 feriti ne erano morti 1.300. Verso il 20 ottobre il maggiore Basilli venne sostituito dal capitano Mendes, un ufficiale di carriera di religione ebrea. Bravissmo ma molto severo, sempre fiero e dal contegno un po' altezzoso. Appena arrivato si informò su come erano trattate le suore e prese la decisione di trasferire queste e gli ufficiali "nel castello Locatelli". Per evitare contatti con i militari, fece alzare un muro per dividere il terrazzo.

I feriti arrivavano numerosi, alcuni colpi di cannone austriaci colpirono Cormons e a febbraio (1916) arrivò l'allarmante avviso che forse si doveva sloggiare dalla bella Langoris per timore che gli austriaci bombardassero l'ospedale, poiché era circondato da cannoni e trincee. Le suore avevano già preparato le valigie e il 10 del mese il capitano Mendes comunicò che il posto individuato era Lovaria. Poi, però, non se ne fece nulla. Così qualche giorno dopo andarono a San Quirino a trovare le altre sorelle e alcuni ufficiali le invitarono a vedere il "Pallone Drago" esploratore. «Era un pallone voluminoso come un bastimento, col quale esploravano tutti i paesi dell'Austria». Il 14 marzo, dopo sette mesi trascorsi ad Angoris, si trasferiscono a Lovaria (Udine) ove restano fino alla fine di ottobre del 1917.

Dopo la disfatta di Caporetto, a Langoris arriva l'esercito austriaco, anzi ritorna austro-ungarica. La prova più eloquente è una cartolina con l'aquila bicipite asburgica, la scritta *Weltkrieg* (Guerra mondiale) 1914-1918, la foto e la scritta "Mannschaft-rekonvaleszenten-station" ovvero una stazione di convalescenza maschile per le truppe. Realizzato nel 1918, in basso in un cerchio c'è il disegno raffigurante alcuni cipressi intitolato *Helden Hügel*, Collina degli Eroi.

Sempre del '18, datato 21 marzo, è un disegno di Oton Iveković (1869-1939) uno dei più rinomati pittori croati, che durante il conflitto fu corripondente di guerra, raffigurando anche molte scene di vita militare. Questo disegno a matita è intitolato "Nel parco tra i cipressi" che raffigura il parco, i cipressi e la tomba di un capitano, morto nel 1916. Si vedono anche alberi di gelso, prova della preesistente bachicoltura.

A Lovaria, nel comune di Pavia – di Udine, non in Lombardia! – viveva, e tuttora abita, quel ramo dei Locatelli che nel 1866 si era trasferito nel Regno d'Italia, abbandonando gli Asburgo.

Ma chi erano? Vi ricordate Fran-

Cartolina che raffigura la villa, riconquistata dall'esercito austro-ungarico, sede di una stazione di convalescenza maschile. 1918.

cesco, autore del *Libro universal*, morto nel 1725? Ecco, il suo omonimo nipote, chiamato dagli amici *Franzil*, era economicamente messo male, tant'è che il figlio Antonio avrebbe venduto i beni di famiglia, tra cui il podere di Novali con la casa di Eulenburg, abbandonandovi le carte d'archivio. Era il 1861. L'antica casa di Eulenburg era allora poco più di una fattoria, nota nel circondario con il toponimo sloveno *Čemajna*, benché fosse abitata da una famiglia colonica friulana. In quel tempo il capofamiglia era Domenico Godeas, famigliarmente detto *Barba Meni*.

Anche il figlio di Antonio si sarebbe chiamato Francesco, ma avrebbe troncato definitivamente con la tradizione di famiglia. Partecipò ai moti del Quarantotto e si appassionò per l'ideale irredentista, stabilendosi prima a Milano e poi a Udine.

Era fuggito nel Regno d'Italia spinto dall'entusiasmo dell'irredentismo e il titolo di baroni di Eulenburg e Schönfeld era stato già da qualche tempo usurpato, con il beneplacito sovrano, da un altro

Disegno a matita di Oton Iveković, intitolato "Nel parco tra i cipressi". 21 marzo 1918.

ramo della famiglia, non titolato, che però poteva vantare ricchezza e provata fedeltà alla casa d'Austria. Nel 1859, di lui parla anche Caterina Percoto in alcune lettere:

> *En outre, en raison de son amitié connue avec Prospero Antonini, l'un des chefs les plus actifs de l'immigration vénète dans le Piémont, on vient s'adresser à elle quand on veut partir làbas. C'est, par exemple, le cas du jeune baron Locatelli qui, désireux de s'installer à Turin, vient lui demander une lettre de recommandation pour le comte Antonini, réputé pour aider les Frioulans qui s'y exilent. Elle saisit l'occasion qui se présente ainsi à elle (…)*
>
> *Inoltre, grazie alla sua nota amicizia con Prospero Antonini, uno dei leader più attivi dell'immigrazione veneziana in Piemonte, veniamo da lei quando vogliamo andarci. Questo è, ad esempio, il caso del giovane barone Locatelli che, volendo stabilirsi a Torino, viene a chiedergli una lettera di raccomandazione per il conte Antonini, reputato per aiutare i friulani che vi esiliano. Lei coglie l'opportunità che si presenta a lei (…)*

«Giacché l'occasione di questo giovane Locatelli mi è propizia vi accludo un articoletto che avevo scritto per la *Gazzetta del popolo* di Milano ma che poi avendo il nostro comitato raccomandato quiete, temetti che avesse perduto opportunità. Voi che siete in migliore bene se vi pare pubblicatelo senza peraltro altra firma che come sta segnato».

Era iniziato tutto con alcuni cormonesi antiasburgici. Il 1848 aveva risvegliato sentimenti filo italiani e filo sabaudi in molti esponenti della nobiltà goriziana. Posizioni antiaustriache che erano iniziate già dopo Napoleone. Fra i "contrari a Casa d'Austria" segnalati nel 1813 si annoverano i nobili Baselli, Codelli, Coronini, de Grazia ed altri.

Nel 1848 ben 26 goriziani vennero denunciati perché politicamente sospetti. Nel 1859 a Gorizia i membri del "Partito d'Azione" rimasero sconosciuti alla polizia. A Cormons no. Così il principale esponente, il dottor Costantino Cumano, veniva arrestato e tradotto davanti il Tribunale di guerra. Il barone de Buffa, il 18 maggio 1859, fa pervenire al Luogotenente del Litorale barone de Mertens un lungo rapporto sugli avvenimenti di Cormons:

> le cosiddette sedute vengono tenute non solamente nella tenuta Novale, appartenente al barone Antonio Locatelli, che di solito risiede a Udine, ma an-

Il pallone Drago nei pressi di Cormons.

che a Cormons in casa del dott. Cumano. V'intervengono oltre al dott. Cumano, il barone Antonio Locatelli, il conte Zucco, il farmacista Bertossi, i due fratelli Naglost e un certo Dorligo. A lui erano stati segnalati e gli erano anche noti come tali un certo barone Giovanni Delmestri e un conte Giambattista Delmestri, ambidue generi del buon austriaco barone Giorgio Locatelli.

Riunioni segrete, ma anche discorsi in una "caffetteria e albergo" di Cormons, nel teatro Grayer, tanto da richiedere di "sospendere le rappresentazioni (...) e bandire la compagnia drammatica, d'arrestare l'attore". Sarà stato per evitare questi problemi che il barone Giorgio Locatelli, indubbiamente filo asburgico, frequentava il teatro di Gorizia: a metà '800 possedeva il palco 5 al piano terra, mentre il palco 24 del I ordine apparteneva al figlio.

Contemporaneamente, il 21 maggio 1859, Ernestina Locatelli nata Strassoldo e sua figlia Cecilia Claricini formavano un Comitato di Dame "per raccogliere, a sollievo degli ammalati e feriti dell'i. r. Armata, della biancheria di lino già usata per essere ridotta a filacce, delle filacce già preparate, della biancheria di persona e di letto,

Foto di gruppo scattata a Lovaria, dove si era trasferito l'Ospedale da campo n. 230.

delle fasciature, piumacci, flanelle, e di qualunque altro soccorso in generi, o in denaro a sussidio degli Spedali" esortando la carità e la filantropia con l'invito a far pervenire le offerte anche nella propria abitazione ad Angoris!

Nell'aprile 1878, a Cormons vengono distribuiti 100 volantini stampati:

> "Noi Cormonesi siamo Italiani e vogliamo essere uniti alla nostra gran madre l'Italia. Viva dunque l'Italia, e fuori dalle nostre terre lo straniero che ogni giorno c'insulta nelle nostre più sante aspirazioni.
>
> Le firme di sudditanza leale raccolte questi giorni sono risultato di pressione da questo ibrido governo, non libera, vera manifestazione delle nostre volontà. Nei nostri cuori scorre sangue italiano, e questo sangue freme e farà fremere lo straniero che vuole imporci dove noi siamo padroni.
>
> Chi dice che questa non è terra italiana mente, e su lui piombino tutte le maledizioni serbate a coloro che rinunziano la propria madre ed i propri fratelli. Viva sempre l'unione alla cara nostra patria Italia! Vivano i nostri fratelli italiani!"

Che contraddizioni! Il cugino fedele ai Savoia va nel Regno d'Italia e, dopo un'esperienza a Milano, torna in Friuli. Il parente "nobile cavalier Omero Locatelli" nel 1890 diventa direttore della Banca Popolare di Udine. Successivamente, nel 1906, si impegnerà nella creazione della società anonima per azioni per "la produzione e commercio di piante e prodotti ed operazioni affini". Ancora nel 1915 lo si trova in vari consigli di amministrazione: un vero finanziere.

XX

BANCHE E MONTI DI PIETÀ

Il denaro circolante era cosa preziosa e persino i sovrani, talvolta, dovevano ricorrere a prestiti, che venivano ricompensati con titoli e diritti feudali. Ciò era avvenuto senza dubbio con il colonnello Locatello, che aveva stipendiato di tasca propria i soldati nella Guerra dei Trent'anni. Nel 1637 conquistò la città imperiale di Giengen, dove prese in ostaggio i borgomastri, poiché non pagavano le spese di alloggio delle truppe: 5.969 fiorini.

Nel 1656 Locatelli è menzionato in occasione di un ammutinamento dell'esercito imperiale. Sempre per il vil denaro:

> "La divisione cellulare pianificata dei vecchi reggimenti aveva fatto male sangue, tanto più che metà del reggimento Ranfft doveva subentrare solo a Locatelli, fin dai tempi in cui comandava la fortezza dell'Elba Dömitz, ma Ranfft preferisce far scomparire nella sua tasca la paga della sua gente".

A quei tempi non esistevano le banche come oggi, c'erano prestiti, spesso usurari, fatti dai banchi dei pegni in mano a famiglie ebraiche e perciò le autorità ecclesiastiche favorirono la nascita dei Monti di Pietà, sotto il controllo cattolico. Quando era capitano di Gradisca Ulderico della Torre, la cittadina era retta dai principi di Eggenberg (1647–1717), c'era una comunità israelita con tanto di Sinagoga e, nonostante il governo liberale degli Eggenberg, si diede vita ad un Monte di Pietà e si costruì il maestoso edificio per ospitarlo nel 1670. Lo ricorda questa pietra del 1671 che è nel grande atrio sopra una porta:

COADIUVANTES IULIO BAR. DEFIN
IOANNE MARIA CEVOT VILLESII
PAROCHO LAVRENTIO LOCCATELLO
DEPVTATIS – GRADISCANAE
INCLITAE CONVOCATIONIS
CVIVS SUMPTIBUS FUNDATUS

Il citato Lorenzo appena nel 1655 era stato ammesso fra i nobili del Principato gradiscano, dopo una prima votazione andatagli male nel 1648. Ma il Locatelli recupera velocemente il tempo perduto e interviene nella fondazione del Monte da deputato della Dieta. Quindi diventa Commissario ai conti, nel 1701 viene eletto *Montista*, ovvero gestore del Monte, per cinque anni. Alla fine del mandato diviene deputato all'annona, cioè al controllo dei prezzi dei generi alimentari, fino al 1709. Nel gennaio 1710 lo nominano Commissario e dal 23 dicembre pure esattore! Nel 1715, per aver amministrato l'esazione, ricevette 200 fiorini in regalo. Ancora nel 1730 sarà *Montista*...

Insomma, una vita a gestire denaro… «a pagare l'interesse del 5% alle venerande Chiese per capitale dato al Monte!», specificò il parroco.

Decenni dopo, un altro esattore era stato, invece, al centro di polemiche e accuse. Tentò di essere riconfermato nella carica, ma il Morelli ottenne la netta sconfitta del candidato, Lodovico Ortensio Locatelli, per 14 voti favorevoli contro 69 contrari! "egli aveva controllato i conti, scoprendo e denunciando consistenti ammanchi".

Non erano i primi della famiglia: il gradiscano Giuseppe Locatelli era stato procuratore fiscale di Gorizia (1574 e nel 1599), il padre di Ortensio, pure. Un giorno i rappresentanti della città gli chiesero di costruire un nuovo passaggio sull'Isonzo. Egli fece orecchie da mercante. Eppure erano proprio i mercanti a domandarlo. Scrissero persino una supplica, in tono aulico. Locatelli la lesse e rispose loro in versi:

Talor, qualor, quinci, sovente e guari
fatevi il ponte coi vostri danari!

Il palazzo del Monte di Pietà a Gradisca d'Isonzo.

Passati alcuni secoli, troviamo un altro esponente della famiglia, parente di quel cormonese passato dalla parte dei Savoia nel 1866, trasferitosi a Torino e poi a Udine, Omero, che fu prima cassiere e poi direttore della Banca popolare di Udine.

Anche il bilancio del Comune di Gorizia, annota al passivo un capitale di fiorini 25.000 assunto dal barone Michele Locatelli per deliberato del 1° luglio 1873. Una bella cifra per l'epoca.

Ma il rapporto con gli istituti di credito non si ferma qui. Il Monte di pietà di Gorizia, fondato nel 1831 sempre da un esponente della famiglia della Torre, cambia il nome in Cassa di Risparmio e dal verbale di consegna (15 febbraio 1939) per il passaggio dall'amministrazione straordinaria della Cassa di Risparmio di Gorizia a quella ordinaria con ricostituzione del Consiglio di Amministrazione, risultano rispettivamente presidente e vice presidente Valentino Pascoli e Pirro Locatelli de Hagenauer, nominati con decreto del duce il 5 gennaio 1939.

Pirro, un decennio dopo, nella seduta del 20 aprile 1949, diviene presidente, carica prestigiosa che manterrà fino al marzo 1960, quando gli subentra Giuseppe Musi. Negli anni da presidente diventerà rappresentante in seno al Consiglio della Federazione delle Casse di Risparmio delle Venezie in Venezia e, dai carteggi con la Federazione, si apprende della sua nomina nel Consiglio d'Amministrazione della stessa Federazione per il biennio 1953-1954.

Nel 1948 la banca acquisì dalla famiglia Locatelli lo stabile (progettato da Leopoldo Claricini) sito in Gorizia, in corso Roosevelt 5, angolo via Generale Cascino 1, e ipotizzò di trasformarlo per trasferirvi, da via Carducci, la propria sede centrale. Cosa poi non avvenuta.

In tempi più recenti anche i figli di Giulio Locatelli, che sostengono economicamente l'Anffas di Pordenone, entrano negli istituti di credito: Luciano è stato amministratore della Banca Popolare di Cividale, e Pierantonio (1939-2015) è stato uno dei componenti del consiglio d'amministrazione della finanziaria Friulia. Il forziere della Regione!

XXI

IL TESORO

Una sfida a biliardo! «Alla Goriziana. Siamo qui per liberare Gorizia...» propose il tenente. Il nome della città e la sanguinosa Sesta battaglia dell'Isonzo non rallegravano di certo gli animi, e l'altro ufficiale gli fece eco con una strofa della canzone anarchica e malinconica «...dolorosa ci fu la partenza e il ritorno per molti non fu». La disse canticchiando, ma sottovoce, perché a intonare *Gorizia tu sei maledetta* si rischiava la fucilazione.

Sistemati i nove birilli e la biglia di avorio rossa, ognuno prese la sua stecca, strofinò col gesso il puntale in cuoio e si sentì pronto a colpire. L'aviatore si dimostrò il più abile, soprattutto quando, con un calcio a cinque sponde, riuscì a colpire tutti i piccoli birilli. Ad abbattere il castello, come si dice in gergo. «Bravo! Ma saresti più contento nel vederti abbattere il castello degli austriaci, invece di questo sul panno verde, maledizione!» disse sconsolato l'altro, guardando i propri punti scritti col lapis su un foglio. C'erano solo dei "2". Alcuni per aver colpito i birilli bianchi esterni, altri di penalità. Un po' innervosito, gli cadde il gessetto sotto il tavolo da biliardo, fra le risate dell'avversario. A carponi, con poca luce, si accorse che da una specie di cassettino segreto, come quello che hanno alcuni scrittoi antichi, spuntava l'angolo di un foglio ingiallito. Lo prese e, avvicinatosi alla lampada, chiamò l'altro soldato a leggere. Era una copia dell'incisione che ritraeva il colonnello Locatello, sul cui retro c'erano un sacco di numeri. Sembrava un punteggio, ma i numeri erano troppo alti e dispari per essere riferiti al biliardo.

Alcuni erano in una grafia antica: 3515 11.27

Il Generale.

Sotto, un'altra sequenza di cifre, ma con inchiostro più vivo: 3006.3210.17.3208.3516.15.3289.17.3169.79.3270.70.3065.3700.8 8.3851.424.3590.65.3325

Nell'attigua biblioteca c'era il cifrario seicentesco che l'ufficiale dell'aviazione aveva utilizzato per alcuni messaggi da inviare al comando. Oramai era complice dell'altro e non potè nascondergli il segreto. Lo aprirono assieme e decrittarono i numeri:
"Olanda FH". Erano le iniziali dell'incisore olandese! E poi, di epoca successiva, c'era quest'altro messaggio, come un indovinello, anzi un enigma. Veniva fuori una frase così:
"Avendo desiderio di danari olandesi il generale di cavalleria con espediente dà qualsivoglia soddisfazione in futuro: prudenza et intelligenza".
Si guardarono, pensarono a come interpretarlo. «Il ritratto del generale!!» scappò ad uno. «Sst! Non facciamoci sentire, diamine». Andarono nella stanzetta vicina e, favoriti dal buio, staccarono la cornicetta in stucco che teneva murata la tela. Tolto con cura il ritratto, ecco una nicchia buia e piena di ragnatele. Avvicinarono la lampada, messa al minimo per non essere scoperti, e videro un bottiglione. «Del vino? Ma che soddisfazione sarà mai? Sarà imbevibile!». Sconcertati e delusi si sedettero a terra. Qualche minuto dopo, sarà stata la curiosità, sarà stato per la disperazione o per concludere la ricerca, uno dei due si alzò e disse all'altro: «Non ci resta che assaggiarlo». Ma il bottiglione, di quelli panciuti, con il collo corto e il vetro color verde scuro, pesava in maniera spropositata. Non poteva esserci un liquido dentro. Con fatica tolsero il tappo di sughero, dopo aver rotto la ceralacca su cui era impressa una civetta, simbolo di prudenza. Lo piegarono come per mescere il vino e la sorpresa fu indescrivibile: caddero diamanti, di diverse dimensioni. Increduli, si guardarono e all'aviatore venne in mente la spiegazione. Locatello era andato in Olanda a farsi ritrarre da Hulsius, e Amsterdam nel 1649 era già la capitale del taglio dei diamanti. Forse era un bottino di guerra! Almeno tre o quattro chili di diamanti, milioni di lire. Ecco perché *Danari olandesi*.
Si ubriacarono felici, ma all'alba il sogno era svanito. Il bottiglione e il suo prezioso carico erano spariti, trafugati da qualcuno, veloce come una lepre. Il tenente prese la biglia gialla e la lanciò contro

Aereo dell'81ª squadriglia, costituita ad Arcade il 20 marzo 1917 e trasferita al campo di Langoris, detto anche Borgnano, ad ovest di Gorizia, il 20 aprile 1917.

la finestra, l'aviatore ruppe la stecca. Un'ira invana: non ebbero né il tempo, né la possibilità di smascherare il ladro. Una speranza di ricchezza che era stata cancellata durante l'ebbrezza, ma che la falce inesorabile della morte avrebbe tuttavia stroncato di lì a poco. Uno fu abbattuto dalla contraerea nemica, qualche settimana dopo; l'altro morì nelle trincee del Carso. Il primo riposa nella terra natia, accanto ai suoi cari; il secondo nel Torrione Langoris, all'Ossario di Oslavia, assieme ai suoi soldati. Di prezioso ebbero solo le medaglie al petto, il cui valore per molti era superiore ai diamanti.

Novembre 1968.
Aveva rivisto il Collio, lo aveva ammirato intorno a sé, rigoglioso e colorato, mai uniforme né monotono, diviso purtroppo da un confine, ma che la Natura sovrasta e supera: "Com'è fallace l'azione dell'uomo" pensava Carlotta. Altre volte, invece, l'atto umano diventa arte, come produrre quei vini che aveva assaggiato ad Angoris.

Autentici nettari che riescono a racchiudere a tramandare i profumi della campagna, il gusto dell'asparago o del sambuco, l'aroma della terra in cui nascono.

La bimba si era addormentata ascoltando nonna Carlotta che raccontava abilmente queste avventure, forse vissute, forse inventate. Che importava? Ai nipoti piacevano molto. Le mise a posto i capelli bruni, sistemò le coperte e andò a riposare anche lei. Erano appena tornati a Padova dopo la visita ad Angoris. In verità nonna Carlotta non era molto stanca, perché aveva guidato il suo autista. Prima di coricarsi, percorse il lungo corridoio della villa palladiana e, arrivata in fondo, ordinò alla governante cosa avrebbe voluto per colazione. Il marito era stato a caccia di lepri e già russava, lei si infilò nelle lenzuola di seta e, prima di spegnere la luce, si tolse gli orecchini di diamante e osservò per qualche istante il recente acquisto: "La strage degli innocenti" di Rubens.

"**Di ben in meglio**" pensò, sogghignando.

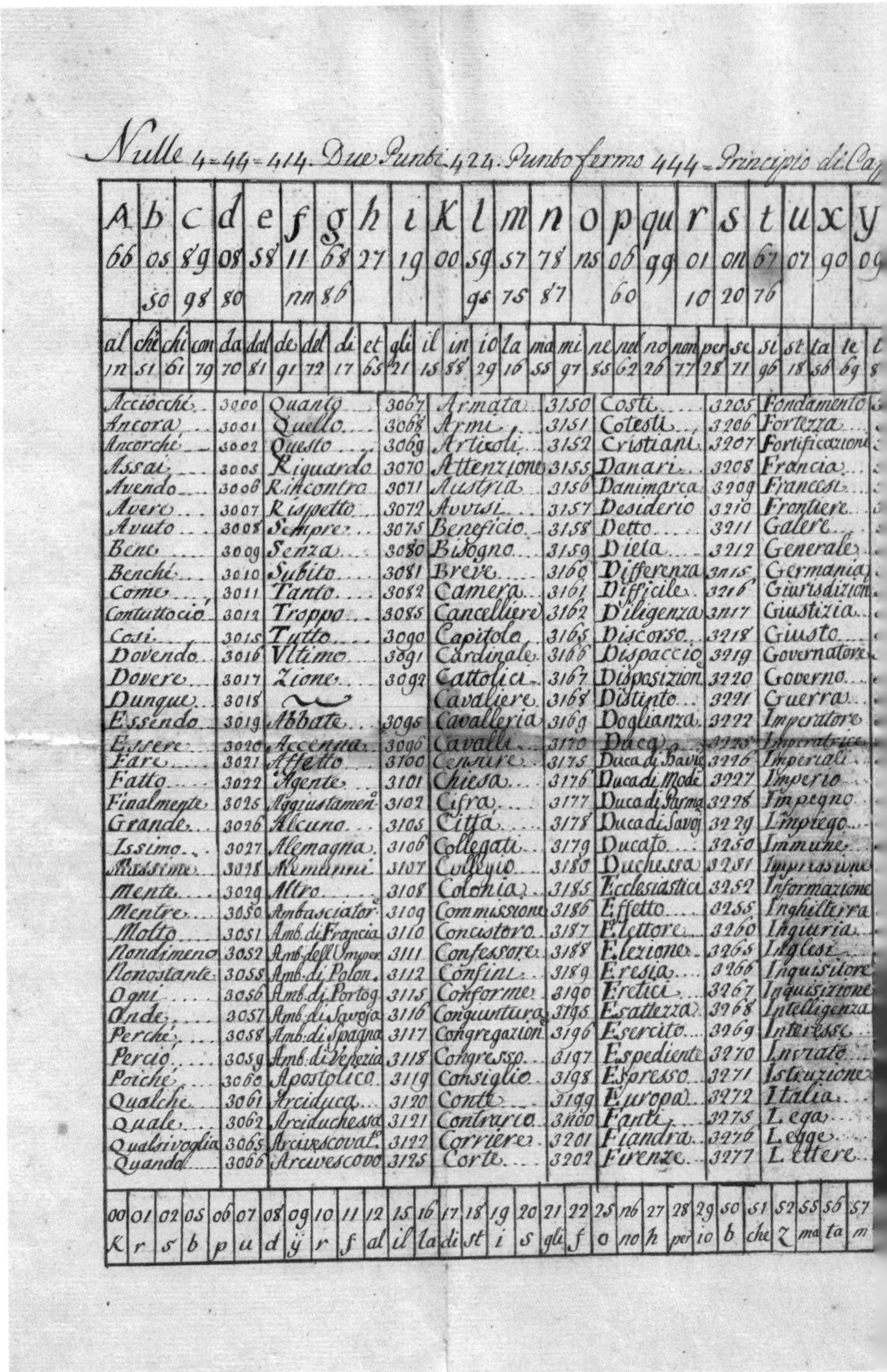

Nulle 4=44=414. Due Punti 424. Punto fermo 444 = Principio di Ca[p]

A	b	c	d	e	f	g	h	i	K	l	m	n	o	p	qu	r	s	t	u	x	y
66	05	89	08	58	11	68	27	19	00	59	57	78	ns	06	99	01	on	67	07	90	09
	50	98	80		nn	86				95	75	87		60		10	20	76			

al	chè	chi	con	da	dal	de	del	di	et	gli	il	in	io	la	ma	mi	ne	nel	no	non	per	se	si	st	ta	te	t
1n	51	61	79	70	81	91	72	17	65	21	15	88	29	16	55	97	85	62	26	77	28	71	96	18	56	69	8

Acciocché	3000	Quanto	3067	Armata	3150	Costì	3205	Fondamento
Ancora	3001	Quello	3068	Armi	3151	Cotesti	3206	Fortezza
Ancorché	3002	Questo	3069	Articoli	3152	Cristiani	3207	Fortificazioni
Assai	3005	Riguardo	3070	Attenzione	3155	Danari	3208	Francia
Avendo	3006	Rincontro	3071	Austria	3156	Danimarca	3209	Francesi
Avere	3007	Rispetto	3072	Avvisi	3157	Desiderio	3210	Frontiere
Avuto	3008	Sempre	3075	Beneficio	3158	Detto	3211	Galere
Bene	3009	Senza	3080	Bisogno	3159	Dieta	3212	Generale
Benché	3010	Subito	3081	Breve	3160	Differenza	3215	Germania
Come	3011	Tanto	3082	Camera	3161	Difficile	3216	Giurisdizion
Contuttociò	3012	Troppo	3085	Cancelliere	3162	Diligenza	3217	Giustizia
Così	3015	Tutto	3090	Capitolo	3165	Discorso	3218	Giusto
Dovendo	3016	Ultimo	3091	Cardinale	3166	Dispaccio	3219	Governatore
Dovere	3017	Zione	3092	Cattolici	3167	Disposizion	3220	Governo
Dunque	3018	~		Cavaliere	3168	Distinto	3221	Guerra
Essendo	3019	Abbate	3095	Cavalleria	3169	Doglianza	3222	Imperatore
Essere	3020	Accenna	3096	Cavalli	3170	Duca	3225	Imperatrice
Fare	3021	Affetto	3100	Censure	3175	Duca di Bavie	3226	Imperiali
Fatto	3022	Agente	3101	Chiesa	3176	Duca di Mode	3227	Imperio
Finalmente	3025	Aggiustamen.to	3102	Cifra	3177	Duca di Parma	3228	Impegno
Grande	3026	Alcuno	3105	Città	3178	Duca di Savoj	3229	Impiego
Issimo	3027	Alemagna	3106	Collegati	3179	Ducato	3250	Immune
Issime	3028	Alemanni	3107	Collegio	3180	Duchessa	3251	Impressione
Mente	3029	Altro	3108	Colonia	3185	Ecclesiastici	3252	Informazione
Mentre	3050	Ambasciator.e	3109	Commissione	3186	Effetto	3255	Inghilterra
Molto	3051	Amb. di Francia	3110	Concistoro	3187	Elettore	3260	Ingiuria
Nondimeno	3052	Amb. dell Imper.	3111	Confessore	3188	Elezione	3265	Inglesi
Nonostante	3055	Amb. di Polon.	3112	Confini	3189	Eresia	3266	Inquisitore
Ogni	3056	Amb. di Portog.	3115	Conforme	3190	Eretici	3267	Inquisizione
Onde	3057	Amb. di Savoja	3116	Congiuntura	3195	Esattezza	3268	Intelligenza
Perché	3058	Amb. di Spagna	3117	Congregazion	3196	Esercito	3269	Interesse
Perciò	3059	Amb. di Venezia	3118	Congresso	3197	Espediente	3270	Inviato
Poiché	3060	Apostolico	3119	Consiglio	3198	Espresso	3271	Istruzione
Qualche	3061	Arciduca	3120	Conte	3199	Europa	3272	Italia
Quale	3062	Arciduchessa	3121	Contrario	3200	Fanti	3275	Lega
Qualsivoglia	3065	Arcivescoval.e	3122	Corriere	3201	Fiandra	3276	Legge
Quando	3066	Arcivescovo	3125	Corte	3202	Firenze	3277	Lettere

00	01	02	05	06	07	08	09	10	11	12	15	16	17	18	19	20	21	22	25	n6	27	28	29	50	51	52	55	56	57
K	r	s	b	p	u	d	ÿ	r	f	al	il	la	di	st	i	s	gli	f	o	no	h	per	io	b	che	z	ma	ta	m

Cifrario segreto. Secolo XVIII.

Chiave di Cifra

cro	3358	Ordine	3519	Regina	3610	Svizzeri	3780	1	3859
bona	3360	Pace	3520	Regno	3611	Tempo	3781	2	3860
go	3361	Palatino	3525	Relazione	3612	Termine	3782	3	3861
ama	3362	Papa N.S.S.B.	3526	Religione	3613	Trattato	3783	4	3862
rid	3363	Parigi	3527	Relig.^e Catt.^{ca}	3614	Tregua	3786	5	3865
giore	3366	Parlare	3528	Republica	3615	Tribunale	3787	6	3866
ssa	3367	Parola	3529	Rep. di Genova	3618	Truppe	3788	7	3867
chese	3368	Parte	3550	Rep. di Venezia	3619	Turco	3789	8	3868
sciallo	3369	Particolare	3551	Residente	3620	Vascelli	3790	9	3869
ria	3370	Patriarca	3552	Riflessione	3625	Venezia	3791	10	3870
monio	3371	Pendenza	3555	Risoluzione	3626	Veneziani	3792	11	3871
simo	3372	Persona	3556	Rispondere	3627	Vescovo	3795	12	3875
ria	3375	Piazza	3558	Risposta	3628	Udienza	3796	13	3876
istri	3376	Plenipotenza		Roma	3629	Uditore	3797	14	3877
sueur	3377	Polacchi	3559	S. Sede S. Ap.	3650	Vice	3798	15	3879
ignore	3378	Polonia	3560	Sassonia	3660	Vienna	3799	17	3880
icevè	3379	Pontefice	3561	Scrittura	3661	Ungheria	3800	19	3881
unzio	3380	Porto	3562	Scrive	3662	Volontà	3801	21	3882
in Cielo	3381	Possa	3565	Scomunica	3668	Volta	3802	22	3886
in Terra	3382	Possibile	3570	Secondo	3670	V.ra Eminenza	3805	23	3887
in Franc	3383	Potere	3571	Segretario	3680	V.S. Illustriss.	3806	24	3888
all Impero	3385	Potuto	3575	Senato	3685	V.S.	3807	25	3889
Luca	3386	Pregiudizio	3575	Sentimento	3690		3808	26	3890
Napoli	3387	Presidente	3576	Signore	3695		3809	27	3900
Polon.	3388	Presidio	3577	Significa	3699		3810	28	3901
Porto	3389	Prima	3578	Soddisfazione	3700		3811	29	3902
Sveza	3390	Principe	3579	Soldati			3812	30	3905
Spagna	3391	Principessa	3580	Sospensione	3701		3815	31	3910
ichezza	3392	Procura	3581	Spagna	3707		3816	Gennaro	3911
ekno	3395	Promozione	3582	Spagnuoli	3708		3817	Febraro	3912
ro	3396	Proposizione	3585	Spedizione	3709		3818	Marzo	3915
one	3397	Proposito	3586	Stato	3710		3819	Aprile	3920
i	3398	Proprio	3587	Stato Ecclico	3715		3820	Maggio	3921
sario	3399	Protestanti	3588	Stato di Milano	3720		3821	Giugno	3922
sità	3500	Provincia	3589	Stesso	3725		3822	Luglio	3925
io	3501	Prudenza	3590	Stradinario	3750		3825	Agosto	3950
rua	3502	Pubblico	3591	Sua Maestà	3751		3826	Settembre	3960
a	3506	Ragione	3592	S.M. Cattolica	3752	Anno	3827	Ottobre	3970
zi	3507	Ragguaglio	3595	S.M. Cesarea	3755	Cadente	3828	Novembre	3980
o	3509	Rappresenta	3596	S.M. Cristianissima	3760	Caduto	3829	Dicembre	3990
go	3510	Re	3597	Sua Altezza	3761	Corrente	3830	Settimana	3991
ione	3511	Re di Francia	3598	Sua Eccellenza	3762	Futuro	3831	Domenica	3992
renza	3512	Re di Inghilterra	3599	Sua Eminenza	3765	Giorno	3832	Lunedì	3995
da	3513	Re di Polonia	3600	Sua Sig.ria Illustriss.	3770	Mese	3855	Martedì	3996
esi	3516	Re di Portog.	3601	Subito	3771	Ora	3856	Mercoledì	3997
uno	3517	Re di Sardegna	3602	Svedesi	3772	Passato	3857	Giovedì	3998
arto	3518	Re di Spagna	3605	Svezia	3775	Presente	3858	Venerdì	3999
								Sabbato	3931

65	66	67	68	69	70	71	72	75	76	77	78	79	80	81	82	85	86	87	88	89	90	91	92	95	96	97	98	99
et	a	t	g	te	da	se	del	m	t	non	con	dal	ti	ne	g	n	in	c	x	de	to	l	si	mi	c	qu		

La famiglia di Luciano Locatelli: seduti Luciano e Giannina, alle spalle, da sinistra, Marta, Claudia e Massimo.

BIBLIOGRAFIA

Libri

Antonello Andrea, Klainscek Walter, *I Lichtenreiter nella Gorizia del Settecento*, 1996
Atti della esposizione agricola e industriale e di belle arti tenuta in Trieste 1871, 1872
Au Fiore Lella, *Il vino nelle antiche ricette goriziane*, 1980
Au Fiore Lella, *La gubana goriziana*, 1973
Au Fiore Lella, *La caccia nella cucina del Friuli Venezia Giulia*, 1973
Bader Luigi, *I Borboni di Francia in esilio a Gorizia*, 1993
Bader Luigi, *Le comte de Chambord*, 1983
Ballabeni G. Battista, *Per le nozze del Nobile Sig. Giacomo de Locatelli con la Contessa Cecilia della Torre*, 1791
Biographisches Lexikon des Kaiserthuns Oesterreich, 1856
Caprin Giuseppe, *Pianure friulane*, 1892
Casapicola Christine, *Wein für Wien, Wasser für Stanjel*, 2010
Cipolletta Giuseppe, *Elena d'Aosta: Una volontà senza confini*, 2017
Claricini (de) Alessandro, *Gorizia nelle sue istituzioni*, 1872
Codelli Pier Antonio, *Gli scrittori friulano-austriaci*, 1792
Comel Alvise, *I pionieri dell'irrigazione nel Goriziano*, 1952
Coronini Rodolfo, *Fasti Goriziani*, 1780
Cosma Stefano, *Dotato d'eccellentissimi vini...*, 1992
Cosma Stefano, *Il palazzo Formentini sede del Liceo Classico*, 1991
Cossar Ranieri Mario, *Gorizia ottocentesca*, 1938
Del Bianco, *La comunità ebraica di Gradisca d'Isonzo*, 1983

Della Bona Giuseppe Domenico, *Descrizione di alcune varietà di viti di uve bianche (...)*, 1847

Della Porta Giovanni Battista, *Toponomastica storica della città e del comune di Udine*, 1928

Der Adel des Herzogthuns Krain und der Grafschaften Görz, 1857

Diario storico del viaggio di S. M. I. e R. Ap. Francesco Giuseppe I. imperatore d'Austria, Re d'Ungheria, a Trieste, 1875

Dolcetti Giovanni, *Il Libro d'argento delle Famiglie venete*, 1983 (1922)

Fabbro Claudio, *Viti e vini del Friuli*, 1977

Formentini Giuseppe Floriano, *La Contea di Gorizia illustrata dai suoi figli*, 1989 (1879)

Formentini Giuseppe Floriano, *Memorie goriziane fino all'anno 1853*, 1985 (1853)

Gentilli Roberto, Paolo Varriale, *I reparti dell'aviazione italiana nella grande guerra*, 1999

Grandi prove ippiche, 1946

Il Settecento goriziano, Catalogo della mostra, , 1956

L'Esercito italiano nella grande guerra: Le operazioni del 1916, 1931

Liruti Gian-Giuseppe, *Notizie delle vite ed opere…*, 1830

Marian e i pais dal Friul oriental, 1986

Massi Ernesto, *L'ambiente geografico e lo sviluppo economico nel Goriziano*, 1933

Morelli (de) Carlo, *Istoria della Contea di Gorizia*, 1856

Musnig Antonio, *Settecento goriziano*, 2009

Paolucci Raffaele, *Il mio piccolo mondo perduto*, 1952.

Patat Luciano, *Agli ordini del Duce*, 1997

Polesini Eta, *Cosa preparo per i miei ospiti?: 1., Dolci per il the'; 2., Dolci per colazione e pranzo; 3., Antipasti e salse*, 1934

Polesini Eta, *Cosa preparo per i miei ospiti?: 4., Carni e pesci; 5., Minestre e verdure*, 1934

Prima esposizione agricola Industriale Gorizia, 1853

Spreti Vittorio, *Enciclopedia storico-nobiliare italiana: famiglie nobili e titolate viventi riconosciute…*, 1935

Varriale Paolo, *Gli assi italiani della Grande Guerra*, 2011

Vascotti Chiaro, *Storia della Castagnevizza*, Gorizia

Volpato Simone, *La biblioteca privata di Giuseppe Domenico Della Bona*, 2003

Zandonati Vincenzo, *Guida storica dell'antica Aquileia*, 1849

Riviste, quotidiani e periodici
Annali di storia isontina, «Nobiltà goriziana e ordine di Malta», 1986
Annali della scuola di viticoltura, 1893
Annali di sperimentazione agraria, 1938
Atti e memorie della Società Agraria in Gorizia 1826, 1874
Atti dell'Accademia della Vite e del Vino, Volume 11, 1960
Bullettino della associazione agraria Friulana, Volume 8, 1863
Ce fastu?, Rivista della Società filologica friulana, 2005
Country Life, 1977
Decanter, 1979
Decanter, 1980
Görzer Zeitung, 11 agosto 1868
Gothaisches Genealogisches Taschenbuch der Freiherrlichen Hauser, 1873
L'Espresso, 1976
Giornale vinicolo italiano, 1914
La patria del Friuli, anno XLII, 12 dicembre 1919
Le stazioni sperimentali agrarie italiane organo delle stazioni, 1915
Quarterly Review of Wines, Volumi 7-9, 1984
Rivista di viticoltura e di enologia, 1977
Vogue, 1976
White Wines of the World, Sheldon Wasserman, Pauline Wasserman, 1978
Zeitschrift für das landwirtschaftliche Versuchswesen in Oesterreich, 1915

Archivi e collezioni private
Archivio privato Kosmazh-Cosma, Gorizia
Archivio privato Locatelli, Angoris di Cormons (Go)
Archivio privato Maximilian Formentini, San Floriano del Collio (Go)
Archivio Polesini, Società Istriana di Storia Patria, Trieste
Archivio di Stato di Gorizia, Ventilazioni ereditarie
Archivio Storico Provinciale, Fondo de Claricini, Gorizia
Archivio Suore Terziarie Cappuccine, Roma
Seminario Teologico Centrale, Gorizia
Archivio Polesini, Trieste
Davide Polo, Cormons (Go)
Marco Sicuro, Gonars (Ud)
Gian Paolo Polesini, Udine

Iconografia

Archivio di Stato Gorizia, Ispettorato provinciale dell'agricoltura di Gorizia, file numero: 103, 106, 107, 108, 134, 135, 136, 137; file 154 B110 filza 242, fascicolo VI.20, Verbale annata 1953
Archivio Suore Terziarie Cappuccine, Roma
Davide Polo, Cormons
Österreichisches Staatsarchiv, Vienna, RAA 253.4 Locatellus, Johann Baptist, Andreas, Anton (08.03.1634) stemma

Siti web

http://www.30jaehrigerkrieg.de/locatelli-lucatello-lucatelli-locatello-locatell-freiherr-von-eilenburg-horatius-horatio-oratio/
http://www.crsrv.org/pdf/collana_degli_atti/Buie_distria_famiglie_contrade.pdf

Finito di stampare nel mese di settembre 2019
per conto della Leg edizioni Srl
presso la Tipografia Sartor Pordenone